Baer
Der Kobold im Kopf

Aus dem Programm Verlag Hans Huber
Psychologie Sachbuch

HUBER

Beim Verlag Hans Huber ist von Lee Baer außerdem erschienen:

Alles unter Kontrolle
Zwangsgedanken und Zwangshandlungen überwinden
ISBN 978-3-456-84490-9

Weitere Bücher im Verlag Hans Huber – eine Auswahl:

Sven Barnow / Harald J. Freyberger / Wolfgang Fischer / Michael Linden (Hrsg.)
Von Angst bis Zwang
Ein ABC der psychischen Störungen: Formen, Ursachen und Behandlung
ISBN 978-3-456-84495-4

Guy Bodenmann
Depression und Partnerschaft
Hintergründe und Hilfen
ISBN 978-3-456-84724-5

Hans-Werner Bierhoff / Michael Jürgen Herner
Narzissmus – die Wiederkehr
ISBN 978-3-456-84751-1

Pierre Dinner
Depression – 100 Fragen 100 Antworten
ISBN 978-3-456-84876-1

Helen Kennerley
Schatten über der Kindheit
Wie sich frühe psychische Traumata auswirken und wie man sie bewältigt
ISBN 978-3-456-83963-9

Suzanne C. Segerstrom
Optimisten denken anders
Wie unsere Gedanken die Wirklichkeit erschaffen
ISBN 978-3-456-84744-3

Daniel Wilk
Autogenes Training
Ruhe und Gelassenheit lernen
ISBN 978-3-456-84102-1

Informationen über unsere Neuerscheinungen finden Sie im Internet unter:
www.verlag-hanshuber.com

Lee Baer

Der Kobold im Kopf

Die Zähmung der Zwangsgedanken

3. Auflage

Verlag Hans Huber

Die Originalausgabe dieses Buches ist unter dem Titel
"The Imp of the Mind. Exploring the silent epidemic of obsessive bad thoughts"
bei Dutton, New York, erschienen.
First published in the United States under the title "The Imp of the Mind" by Lee Baer, Ph.D.

Lektorat: Monika Eginger
Herstellung: Peter E. Wüthrich
Umschlag: Claude Borer, Basel
Titelillustration: Das Bild auf dem Umschlag stammt von John Nelson. Es trägt den Titel: **Vine of Flowers around Head.** © 2003 by John Nelson / Stock Illustration Source (Stock Number: 50205-48).
Druck und buchbinderische Verarbeitung: AZ Druck und Datentechnik, Kempten
Printed in Germany

Bibliografische Information der Deutschen Nationalbibliothek
Die Deutsche Nationalbibliothek verzeichnet diese Publikation in der Deutschen Nationalbibliografie; detaillierte bibliografische Daten sind im Internet über http://dnb.d-nb.de abrufbar.

Anregungen und Zuschriften bitte an:
Verlag Hans Huber
Hogrefe AG
Länggass-Strasse 76
CH-3000 Bern 9
Tel: 0041 (0)31 300 4500
Fax: 0041 (0)31 300 4593

3., unveränderte Neuauflage 2011

ISBN 978-3-456-84949-2

Dank

Es gibt eine ganze Reihe von Menschen, ohne die dieses Buch nicht möglich gewesen wäre und denen ich an dieser Stelle meinen Dank ausdrücken möchte. Zuerst möchte ich all meinen Patienten danken, die unter negativen Gedanken leiden und die mir ihre intimsten Geheimnisse anvertraut haben. Von ihnen habe ich sehr viel über diese Problematik gelernt. Mich hat immer die Stärke derjenigen beeindruckt, die mit den in diesem Buch beschriebenen Methoden gearbeitet und Fortschritte erzielt haben – aber auch die Unverzagtheit und der Humor derjenigen, die noch nicht viel weiter gekommen sind, aber trotz ihres Problems um eine möglichst hohe Lebensqualität kämpfen. Ich verspreche, meine Suche nach wirksameren Behandlungsmethoden fortzusetzen, von denen alle Betroffenen profitieren können.

Wie immer muss ich meinen wunderbaren Kollegen vom *Massachusetts General Hospital* und *McLean Hospital* meinen Dank für das anregende Arbeitsklima zollen, zu dem sie beitragen, sowie dafür, dass ich immer auf sie – ihren Rat und ihre Unterstützung – zählen kann. Ich danke Sabine Wilhelm für ihre Bereitschaft, mir ausgiebig Auskunft über die neuen Entwicklungen im Bereich der kognitiven Therapie zu geben. Gemeinsam mit Nancy Keuthen und Deb Osgood-Hynes schilderte sie mir anhand von konkreten Beispielen ihre therapeutische Arbeit. Bill Minichiello und Mike Jenike sind mittlerweile seit fast zwanzig Jahren meine Freunde und Mentoren. Ich danke ihnen für ihre Bereitschaft, sich von mir zu den Themen der religiösen Zwangsgedanken bzw. der medikamentösen Behandlung befragen zu lassen. Cary Savage danke ich dafür, dass er mich an seinem großen Erfahrungsschatz aus der Neuropsychologie und Neurophysiologie der Zwangsgedanken teilhaben ließ. Scott Rauch hat mir in stundenlangen Gesprächen viel über den Überschneidungsbereich zwischen der Zwangsstörung und dem Tourettesyndrom erklärt und Beth Gershuny hat mich auf den hochinteressanten Zusammenhang zwischen der posttraumatischen Belastungsstörung und Zwangsgedanken aufmerksam gemacht. Meinen Psychologenkollegen Mark Blais und Bill Lenderking danke ich dafür, dass sie uns angeleitet haben, eine Lebensqualitätsskala zu erarbeiten. Diese im letzten Kapitel des Buches enthaltene Skala ist nach Ken Schwartz benannt – unserem viel zu jung an Krebs gestorbenen

Freund. Ned Cassem, dem leitenden Psychiater vom *Mass General* danke ich für seine jahrelange Freundschaft und Unterstützung und für die Erlaubnis, die *Schwartz Outcome Scale* auf diesen Seiten abdrukken zu dürfen. Schließlich ist noch Linda Leahy zu nennen, die die vielen Interviews in den Computer eingegeben hat und unermüdlich nach Literaturhinweisen gesucht hat.

Auch viele Kollegen außerhalb des *Mass General* haben mich bei meiner Forschungsarbeit unterstützt. Kathy Wisner aus Cleveland schenkte mir großzügig von ihrer wertvollen Zeit und ließ mich in Gesprächen und per E-Mail an ihren Erfahrungen mit Zwangsgedanken bei Müttern im Wochenbett teilhaben. Schließlich ist noch Isaac Marks aus London zu nennen, der für mich stets als kompetenter Partner für Gespräche über neue Behandlungsansätze zur Verfügung steht – er war es, der mich auf die ersten Studien über kognitive Therapie bei Zwangsgedanken aufmerksam machte. Auch über evolutionstheoretische Ansätze zur Erklärung der Zwangsstörung habe ich viel von ihm erfahren.

Was die Unterstützung von Seiten des Verlags betrifft, möchte ich mich vor allem bei Deb Brody bedanken, die als Erste den Wert eines Buches über negative Gedanken erkannt und mich bei der Verfolgung des Projektes ermutigt hat. Später kam Amanda Patten von Plume hinzu, die uns in den Anfangsphasen des Projekts mir Rat und Tat zur Seite stand. Schließlich leistete Mitch Hoffman, mein jetziger Lektor bei Dutton, durch seine klugen Fragen und seine umsichtige Bearbeitung des Manuskripts noch einmal einen wichtigen Beitrag zur Qualität dieses Buches.

Natürlich wäre dieses Buch auch ohne die liebevolle Unterstützung meiner wunderbaren Familie niemals zustande gekommen. Meine Frau Carole Ann, mein Sohn David und meine Tochter Emily sind das Beste, was mir im Leben widerfahren ist, und wie auch sonst waren sie immer da und haben mir Mut gemacht und mir bei der Überwindung von Hindernissen geholfen, wenn ich sicher war, das Buch nie zu Ende zu bringen. Das Zusammensein mit ihnen gibt mir nach der harten Arbeit des Schreibens und Feilens am Geschriebenen neuen Schwung und neue Energie. Auch meine Mutter Bernice und mein Bruder Larry waren mir immer eine wertvolle Stütze. Die Erinnerung an meinen Vater Bill, meinen Großvater Dave und meine Großmutter Mary begleitet mich stets und inspiriert mich in meinem Leben und meiner Arbeit.

Schließlich sei noch gesagt, dass mir zwar viele Menschen beim Verfassen dieses Buches geholfen haben, dass die Verantwortung für die Fehler, die sich auf den folgenden Seiten möglicherweise eingeschlichen haben, jedoch ausschließlich bei mir liegt.

Inhalt

Vorwort

Seit Frau S., eine junge Mutter Mitte 20, mit ihrer neugeborenen Tochter aus dem Krankenhaus gekommen ist, hat sie zunehmend größere Angst davor, mit dem Baby allein zu sein. Ständig denkt sie daran, wie leicht es wäre, die wehrlose kleine Jessica an die Wand zu werfen und ihr dabei den Schädel zu zerschmettern oder wie schnell sie sie unter ihrem kleinen Kissen ersticken könnte. Sieht Frau S. in der Küche ein Messer herumliegen, drängt sich ihr sofort das Bild auf, wie sie ihr Baby ersticht – eine Vorstellung, die sie grauenhaft findet und die ihr große Schuldgefühle verursacht. Ihrem Ehemann kommt es merkwürdig vor, dass es seiner Frau stets lieber ist, wenn *er* seiner Tochter die Windeln wechselt oder sie badet, und sie dabei die größtmögliche Distanz einhält. Doch noch hat sie es nicht über sich gebracht, ihm zu sagen, was für schreckliche Gedanken sie quälen – aus Angst, er könnte sie für eine schlechte Mutter halten. Auch mir gegenüber spricht sie nur unter großen Schamgefühlen und sehr widerwillig über diese Gedanken. «Ich bin bestimmt die einzige Mutter auf der Welt, die so etwas denkt – ich muss verrückt sein», sagt sie unter Tränen.

Als ich ihr mitteile, dass ihre Gedanken gar nicht so ungewöhnlich sind, wie sie glaubt, und dass ich mir nicht die geringsten Sorgen darüber mache, dass sie sie in die Tat umsetzen könnte, ist sie etwas erleichtert, aber auch erstaunt: «Wieso sind Sie so sicher, dass ich keine Mörderin bin, die irgendwann ausrastet und Jessica umbringt?» fragt sie mich. Die Tatsache, dass sie sich angesichts ihrer schrecklichen Gedanken schuldig fühlt und Sorgen macht und der Umstand, dass sie bislang niemandem etwas Schlimmes angetan hat, reichen mir jedoch völlig aus, um sicher zu sein, dass ich keine Mörderin vor mir habe, sondern einen der Millionen Menschen, die unter negativen Gedanken leiden.

Was meine ich mit «negativen Gedanken»? Ich meine damit etwas ganz Bestimmtes, nämlich das Denken völlig unpassender Dinge zu völlig unpassenden Zeiten. Die entsprechenden Gedanken, Impulse und Vorstellungen fallen dabei fast immer in eine von drei Kategorien: Sie sind aggressiver, sexueller oder religiöser Art.

Negative Gedanken können sich beispielsweise darum drehen, einem unschuldigen Kind etwas anzutun, von einem hohen Gebäude oder einem Berg herunterzuspringen, sich vor einen fahrenden Zug zu werfen oder jemand anderen vor die U-Bahn zu stoßen. Manche Menschen leiden unter sexuellen Vorstellungen, die sie selbst unannehmbar finden und die sich auf Menschen, die sie kennen oder auch nicht kennen, oder sogar auf religiöse Figuren wie Gott, Jesus oder Maria beziehen können. Andere stellen plötzlich inzestuöse Impulse bei sich fest oder leiden unter der Vorstellung, sie könnten rassistische Äußerungen von sich geben, die in völligem Gegensatz zu ihrer eigentlichen Haltung stehen.

Da Sie dieses Buch lesen, nehme ich an, dass Sie erfahren möchten, warum Menschen solche ungewollten und quälenden Gedanken haben. Daher werde ich ausführlich auf den Stand der Forschung zu dieser Frage eingehen. Insbesondere werde ich mich damit befassen, was diese Gedanken verursacht und was während ihres Auftretens in unserem Gehirn vorgeht.

Außerdem werde ich mich mit den verschiedenen Arten von negativen Gedanken beschäftigen, die meine Patienten haben, und auf die psychischen Störungen, die hinter diesen Gedanken stehen können (insbesondere die Zwangsstörung und die Wochenbett- sowie andere Formen der Depression). Diese Gedanken sind viel weiter verbreitet, als gemeinhin angenommen wird, und sie reichen von harmlosen negativen Gedanken, die so gut wie jeder gelegentlich hat, bis hin zu schweren Zwangsgedanken (unter denen nach Forschungsergebnissen, auf die ich später noch eingehen werde, Millionen von Erwachsenen leiden). Auch viele Jugendliche leiden unter gravierenden negativen Gedanken und oftmals befürchten sie dann, sie seien moralisch verkommen und wollten beispielsweise tatsächlich mit ihrem Vater oder ihrer Mutter schlafen oder ihnen etwas Abscheuliches antun. Leider lernen wir als Kinder weder in der Schule noch im Elternhaus besonders viel darüber, was in unseren Köpfen passiert, so dass es später häufig zu folgenschweren Missverständnissen kommt.

Vielleicht leiden Sie selbst oder einer Ihrer Angehörigen unter negativen Gedanken oder haben früher einmal darunter gelitten, womöglich viele Jahre lang. Ist dies der Fall, haben Sie möglicherweise niemals jemandem etwas davon gesagt – aus Angst, für verrückt gehalten zu werden (und eventuell haben Sie selbst geglaubt, Sie seien verrückt oder auf dem besten Weg dazu). Vermutlich gehen Sie allen Situationen, die Ihre Gedanken auslösen können, aus dem Weg, und schämen sich dafür, überhaupt solche Gedanken zu haben. Wenn Sie sehr religiös geprägt sind, befürchten sie vielleicht schon, auf ewig verdammt zu sein – vor allem, wenn Sie glauben, dass es genauso schlimm ist, etwas Schlechtes zu *denken* wie etwas Schlechtes zu *tun*.

Derartige Gedanken sind nicht gerade ein Thema, über das man spricht, wenn man auf einer Party ein bisschen Smalltalk mit den anderen Gästen macht. Trotzdem: Zu erfahren, dass derartige Gedanken zum Menschsein dazugehören und dass viele Menschen, denen Sie jeden Tag auf der Straße begegnen, ähnliche Gedanken haben, sollte tröstlich sein für Sie, denn es bedeutet, dass Sie mit Ihrem Problem nicht so allein dastehen, wie Sie vielleicht befürchten. Hilfe ist möglich: Sie müssen sich von diesen Gedanken nicht Ihr Leben kaputt machen lassen. Negative Gedanken können «gezähmt» werden («zähmen» oder «domestizieren» heißt, etwas so zu verändern, dass man damit leben und vielleicht sogar einen Nutzen daraus ziehen kann).

Im zweiten Teil des Buches werde ich die nach gegenwärtigem Wissen wirksamsten Behandlungsmethoden vorstellen, mit denen Sie entweder allein oder in Zusammenarbeit mit einer Therapeutin oder einem Therapeuten Ihre unerwünschten negativen Gedanken zähmen können. Außerdem werde ich einige interessante Experimente beschreiben, die gezeigt haben: Je mehr man versucht, negative Gedanken aus seinem Bewusstsein zu verdrängen, desto stärker werden sie.

Viele Betroffene leiden unter der Angst, irgendwann ihre Gedanken in die Tat umzusetzen und «tief in ihrem Inneren» eben doch ein äußerst verkommener Mensch zu sein. Daher werde ich auch auf die heikle Frage eingehen, wie man sicher sein kann, dass den fürchterlichen Gedanken keine fürchterlichen Handlungen folgen. Ich werde genau erklären, was jemand wie Sie, der unter Zwangsgedanken leidet, von Leuten unterscheidet, die wirklich getan haben, was Ihnen so große Sorgen macht. Die vielleicht größte Hoffnung, die ich mit diesem Buch verbinde, besteht darin, dass Sie sich, wenn Sie es lesen, nicht mehr so einsam und hilflos vorkommen und neue Hoffnung auf ein lebenswertes Leben schöpfen.

Als Psychologe bin ich moralisch verpflichtet, Maßnahmen zu ergreifen, wenn ich befürchten muss, dass ein Patient eine Gefahr für andere darstellt. Trotzdem: Fast jede Woche höre ich von einer Mutter, dass sie die Vorstellung hat, ihrem Baby etwas anzutun, von einem Vater, dass er befürchtet, er könne sich an seiner Tochter vergehen, und von einem anderen Patienten, dass er den Gedanken hat, mit seinem Auto einen unschuldigen Fußgänger zu überfahren oder einen Mitreisenden vor den Zug zu stoßen – und dennoch ergreife ich keine Maßnahmen. Dafür gibt es einen einfachen Grund: Aus der Erfahrung und aus der Wissenschaft weiß ich, dass diese Leute keine wirkliche Gefahr für andere darstellen. Ihre negativen Gedanken haben zwar zur Folge, dass diese Menschen unter Schuldgefühlen leiden und häufig deprimiert und auch in ihrer Lebensführung beeinträchtigt sind, aber sie bleiben mit hoher Wahrscheinlich das, was sie sind: Gedanken.

In den zurückliegenden zwanzig Jahren habe ich mich intensiv mit der Zwangsstörung beschäftigt, einer psychischen Störung, die sich durch schlimme Gedanken oder Zwangshandlungen wie dem ständigen Händewaschen oder Kontrollieren von Türschlössern auszeichnet. Im Laufe dieser Zeit hat sich unser Behandlungszentrum für Menschen mit Zwangsstörungen am *General Hospital* von Massachusetts zur weltweit größten und bekanntesten Einrichtung seiner Art entwickelt. Insgesamt wurden hier bislang fast zweitausend Patienten behandelt. Gemeinsam mit meinen Kollegen Michael Jenike und William Minichiello habe ich ein Lehrbuch über die Zwangsstörung herausgegeben, das derzeit in der dritten Überarbeitung vorliegt und von Ärzten und Medizinstudenten auf der ganzen Welt benutzt wird.[1] Außerdem habe ich *Alles unter Kontrolle* geschrieben, ein allgemeinverständliches Buch über die effektive verhaltenstherapeutische Behandlung der Zwangsstörung, das mittlerweile in vier Sprachen vorliegt.[2]

Wenn ich mich mit meinen eigenen Patienten unterhalte und Briefe und E-Mails lese, die ich von Zwangspatienten aus weit entfernt liegenden Regionen der Welt wie Südafrika, Asien und Australien erhalte, erstaunt es mich immer wieder zu erfahren, wie viele Menschen, die sich wegen ihrer Probleme an mich wenden, auf meine Nachfrage hin zugeben, seit Jahren unter aggressiven, sexuellen oder blasphemischen Zwangsgedanken zu leiden. Mittlerweile bin ich davon überzeugt, dass es sich bei diesen Gedanken um ein unterschätztes Problem handelt. Möglicherweise leiden allein in den USA jedes Jahr eine halbe Million Frauen unter dem fürchterlichen Gedanken, sie könnten ihrem neugeborenen Baby etwas antun – obwohl ihnen nichts ferner liegt als dies! Leider bemühen sich die meisten dieser Frauen nicht um eine Behandlung; wahrscheinlich sind ihnen diese Gedanken so peinlich, dass sie sie ihrem Arzt und ihren Angehörigen gegenüber verschweigen.

Heute wird bei Menschen mit derartigen ungewollten Gedanken die Diagnose einer Zwangsstörung gestellt, worauf die Betroffenen selbst oft nicht kommen würden, da sie sich nicht übermäßig die Hände waschen oder Türschlösser kontrollieren. Nicht eines der in den letzten zehn Jahren erschienenen Bücher über die Zwangsstörung (einschließlich meines eigenen *Alles unter Kontrolle*) hat den Schwerpunkt auf die gedanklichen Zwänge gelegt, und das obwohl epidemiologische Studien auf der ganzen Welt nahelegen, dass diese die *am weitesten verbreitete Variante* der Zwangsstörung darstellen. Dies ist vor allem deshalb bedauerlich, weil in den zurückliegenden zehn Jahren wirksame nichtmedikamentöse Methoden zur Behandlung dieser gedanklichen Zwänge entwickelt worden sind.

Seit zwei Jahren leite ich am *McLean Hospital* eine wöchentlich stattfindende Gesprächsgruppe für Menschen, die unter negativen Gedanken leiden. Viele Teilnehmer machen in der Gruppe erstmals die Erfahrung, dass sie mit ihrem Problem nicht allein dastehen und dass es Hoffnung auf Besserung gibt. Auch ich selbst habe in der Gruppe viel hinzugelernt – einfach durch Zuhören. Viele der Geschichten, die die Gruppenteilnehmer mir erzählt haben, finden sich in diesem Buch wieder.

Mittlerweile habe ich mehrere Hundert Menschen mit negativen Gedanken kennen gelernt bzw. behandelt und dabei sind mir zwei paradoxe Umstände aufgefallen.

Erstens hält sich jeder, der wegen negativer Gedanken zu mir kommt, für den einzigen Menschen auf der Welt, der unter diesem Problem leidet. Würden aber alle Leute, die in den USA unter negativen Gedanken leiden, in einer Stadt leben, so wäre dies die viertgrößte Stadt der Vereinigten Staaten, d. h., nur New York, Los Angeles und Chicago hätten mehr Einwohner.

Und zweitens quälen sich Menschen, die unter negativen Gedanken leiden, oft mehr als Menschen mit jeder anderen mir bekannten psychiatrischen Störung und viele von ihnen haben bereits in Erwägung gezogen oder gar versucht, sich das Leben zu nehmen. Gleichzeitig vertrauen sich nur die wenigsten von ihnen einem Mitmenschen an – die meisten leiden still und heimlich vor sich hin.

Man könnte sagen, dass ich dieses Buch einfach schreiben musste, um etwas gegen diese beiden schwierigen, aber nicht unüberwindbaren Aspekte der Problematik zu unternehmen.

Auf den folgenden Seiten ist all das nachzulesen, was ich mit Frau S. und anderen Patienten in der Therapie besprechen würde: Zunächst einmal die Dinge, die man wissen muss, um das Problem der negativen Gedanken zu verstehen, und dann, wie man lernen kann, diese Gedanken so zu «zähmen», dass sie einem nicht mehr das Leben zur Hölle machen.

Die im Buch enthaltenen Fallbeispiele beruhen auf den Erfahrungen echter Patienten, wobei manchmal auch Elemente aus verschiedenen Fällen zu einer Darstellung verdichtet worden sind. Namen und persönliche Daten wurden zum Schutz der Anonymität der betreffenden Personen geändert. All den Menschen, die mir Einblicke in ihre Lebensgeschichte gewährten, danke ich von Herzen.

Teil Eins

Was sind negative Gedanken und woher kommen sie?

Kapitel 1

Der Dämon der Infamie

Mit Schaudern denken wir an dieses geheimnisvolle Etwas in unserer Seele, das kein menschliches Urteil anerkennt und selbst die unschuldigsten Menschen Schreckliches träumen lässt und ihnen unaussprechliche Gedanken einflüstert.

Herman Melville (1819-1891)

Ich gebe es zu. Ich kann nicht hinter einem Laster herfahren, auf dessen Ladefläche ein Hund sitzt. Jedes Mal, wenn ich es tu, kommen mir sofort bestimmte Gedanken in den Kopf. Ich stelle mir vor, dass der Hund durch eine Unebenheit auf der Straße von dem Laster geschleudert wird und ich ihn überfahre. Ich versuche, das Bild mit dem Hund unter den Rädern meines Wagens aus meinem Kopf zu verbannen, aber es ist zwecklos. Irgendwann beschleunige ich dann und überhole den Laster oder fahre langsamer, so dass sich der Abstand zu ihm vergrößert und ich den Hund aus den Augen verliere.

Woher kommen diese Gedanken? Ich kenne alle psychologischen und physiologischen Theorien zu diesem Thema – und werde nachher auch noch auf sie eingehen –, dennoch stammt die in meinen Augen eindringlichste Beschreibung dessen, was in einem solchen Moment in mir vorgeht, aus der Literatur. Ich habe es mit einem kleinen Teufel, einem infamen Dämon zu tun, der vielleicht auf meiner rechten Schulter sitzt und mir einflüstert, dass ich den Hund überfahren werde. Wer ist dieser kleine Dämon? Eine sehr treffende und anschauliche Darstellung dieses Dämons finden wir in einer Kurzgeschichte von Edgar Allan Poe, die in der hier zitierten deutschen Übersetzung[1] den Titel «Der Alb der Perversität» trägt.

[...] ein angeborenes Urprinzip menschlichen Handelns[,] ein wunderliches Etwas [...], welches wir in Ermangelung eines treffenderen Ausdrucks *Perversheit* nennen wollen. [...] Durch sein Wirken handeln wir ohne ersichtlichen Zweck; beziehungsweise, wenn man dies als eine *contradictio in adjecto* verstehen will, so dürfen wir den Satz dahingehend modifizieren, dass wir sagen, sein Wirken veranlasst uns zu einem Handeln, das einzig aus dem Grunde kommt, dass wir *nicht* so handeln sollten. Theoretisch lässt sich kaum ein weniger begründeter Grund denken; doch in Wirklichkeit gibt es keinen von größerer Stringenz. Bei gewissen Vorhaben, unter gewissen Bedingungen wirkt er schier unwiderstehlich. So gewiss ich bin, dass ich atme, so sicher weiß ich, dass gerade die feste Überzeugung, eine Tat sei falsch, sei unrecht oder irrig, oftmals *die* eine unbesiegliche Macht ist, welche uns treibt, sie zu begehen. Und dieser überwältigende Drang, das Unrechte zu tun um des Unrechten willen, lässt keinerlei Analyse, keinerlei Zerlegung in anderweitige, tiefer gelegene Elemente zu. Er ist selbst ein Grund-, ein Urtrieb – ist selber elementar.

[...] Wir stehen am Rande eines Abgrunds. Wir spähen hinab in den Schlund – es wird uns schlimm und schwindlig. Unser erster Antrieb ist, zurückzuweichen vor der Gefahr. Doch unerklärlicherweise bleiben wir. Ganz langsam gehen Übelkeit und Schwindel und Schauder in einem Gewolk von unbenennbarem Fühlen auf. Stufenweis', doch gar unmerklicher noch, nimmt dies Gewolk Gestalt an, wie's der Dunstrauch bei der Flasche tat, aus welcher sich der Geist in den «Arabischen Nächten» erhob. Doch aus dieser *unserer* Wolke an des Abgrunds Rand erwächst, zum Greifen deutlich bald, eine Gestalt, weit schrecklicher denn jeder Dämon oder gute Geist in einem Märchen, und dennoch ist's nur ein Gedanke, wennschon ein fürchterlicher, dessen Horror in uns so wildes Entzücken weckt, dass wir ins Mark unserer Knochen hinein erschauern. Es ist bloß die Vorstellung, was wir beim rasend jähen Sturz aus solcher Höhe wohl empfinden würden. Und dieser Sturz ins Nichts, in das Vernichtet-Sein – aus eben dem Grunde, dass er das eine allergrässlichste und -widerwärtigste von all den grässlichen und widerwärtigen Bildern des Todes und des Leidens in sich beschließt, die je vor unsrer Einbildung aufgestiegen sind, – aus eben dieser einen Ursache verlangt es uns nun umso heftiger danach. Und *weil* uns unsre Vernunft mit aller Macht von der Kante zurückreißen will, *darum* grad zieht es uns nur umso ungestümer zu ihr hin.

[...] So sehr wir diese und ähnliche Verhaltensweisen auch untersuchen mögen, stets werden wir finden, dass sie einzig aus dem *Geiste der Perversheit* resultieren. Wir handeln nur darum so, weil unser Gefühl uns sagt, wir sollten's *nicht*. Dahinter steht keinerlei intelligibles Prinzip [...]

Meine Forschungstätigkeit und meine klinische Erfahrung haben mich zu der Überzeugung gebracht, dass Edgar Allan Poe hier eine grundlegende menschliche Eigenschaft beschreibt. Auch andere haben – wenngleich mit weniger eleganten Worten – dieses Phänomen zu verschiedenen Zeiten und unter verschiedenen Bezeichnungen beschrieben. Der französische Neurologe Pierre Janet sprach beispielsweise von der «Assoziation durch Kontrast», bei der der Patient sich dazu getrieben fühlt, genau das Gegenteil von dem zu tun oder zu sagen, was er eigentlich will.

Wie ich bereits zugegeben habe, macht sich auch mein eigener Dämon manchmal durch Gedanken und Impulse bemerkbar, die den Regeln des gesitteten Zusammenlebens in der Gemeinschaft zuwiderlaufen, beispielsweise meinen Wagen in die Böschung zu lenken oder in der Öffentlichkeit einen derben Fluch auszustoßen. Kaum jemand wird ehrlicherweise von sich behaupten können, es noch nie mit diesem Kobold oder Dämon im Kopf zu tun gehabt zu haben.

Negative Gedanken als psychische Störung

Zum Glück sind derartige Gedanken bei mir und bei den meisten anderen Menschen nur ein flüchtiges Ärgernis. Viele Menschen, die zu mir kommen, haben jedoch weniger Glück. Sie leiden – unter Umständen den lieben langen Tag lang – unter quälenden aggressiven, sexuellen oder religiösen Gedanken. Diese negativen Gedanken – wenn es sich um ein ernstes Problem handelt, sprechen wir von Zwangsgedanken – können ihnen die Freude an den schönsten und wichtigsten Dingen im Leben nehmen. Manche Betroffenen halten es nicht aus, in der Nähe ihrer Kinder zu sein, andere können keine Beziehung haben und wieder andere werden von ihren Gedanken so sehr in Schach gehalten, dass es ihnen unmöglich ist, einfachen Alltagsbeschäftigungen nachzugehen – und sei es nur das Haus zu verlassen.

Viele von ihnen kommen irgendwann an den Punkt, dass sie überlegen sich umzubringen. Solche Zwangsgedanken sind Symptome einer psychischen Störung und müssen unbedingt behandelt werden.

Vor ungefähr zwei Jahren begann ich mit der Leitung einer Gruppe für Frauen und Männer, die unter schweren negativen Gedanken leiden. Seit der Zeit habe ich mit zahlreichen Betroffenen gesprochen, die nie irgendjemandem von ihren Gedanken erzählt hatten und denen ein Stein vom Herzen fiel, als sie feststellten, dass viele andere Menschen unter ähnlichen Gedanken leiden. Es ist für mich immer wieder erschreckend zu sehen, welche schlimmen Auswirkungen die negativen Gedanken auf die Lebensqualität der Betroffenen haben. Praktisch alle Menschen, die wegen massiver gewalttätiger oder sexueller Zwangsgedanken in meine Gruppe kommen, haben bereits mit dem Gedanken gespielt, sich das Leben zu nehmen. Einige von ihnen haben bereits einen oder mehrere Selbstmordversuche hinter sich und alle fühlen sich in ihrer Lebensführung beeinträchtigt. Manche schaffen es nicht, aus dem Haus zu gehen und Leute kennen zu lernen; bei anderen ist die Ehe an den negativen Gedanken und den Folgeproblemen zerbrochen. Viele vermeiden den Kontakt zu Kindern und die meisten versuchen, beim Fernsehen oder dem Lesen von Büchern, Zeitschriften oder Zeitungen all das auszublenden, was bei ihnen negative Gedanken auslösen könnte.

Anscheinend erhalten wir alle hin und wieder Besuch von diesem «Alb der Perversheit» – mit zwei möglichen Konsequenzen: Entweder messen wir den Gedanken keine große Bedeutung bei und gehen einfach über sie hinweg oder aber wir lassen uns von ihnen in so starkem Maße beeinflussen, dass sie uns mehrmals am Tag beschäftigen und uns in unserem privaten und beruflichen Alltag beeinträchtigen.[2]

Ein Beispiel für die zweite Möglichkeit stellt Herr I. dar, einer meiner Patienten. Herr I. war um die 25 Jahre alt und hatte stets Tiere gemocht. Als ich ihn kennen lernte, fuhr er jedoch jedes Mal zusammen, wenn er auf der Straße einen Hund oder eine Katze sah. Ein Blick auf den wedelnden Schwanz eines Hundes reichte aus, um seine negativen Gedanken in Gang zu setzen. Wie gebannt hingen seine Augen an dem Hinterteil des Hundes und er konnte an nichts anderes denken als daran, mit dem Hund geschlechtlich zu verkehren, woraufhin sich in ihm sofort die Sorge regte, dass er tatsächlich pervers sein könnte, weil er derartige Gedanken hatte: «Warum um alles in der Welt», fragte er sich, «sollte ich Hunden oder Katzen, die ich auf der Straße sehe, immer auf die Geschlechtsorgane sehen und mir vorstellen, es mit ihnen zu treiben – wenn ich nicht wirklich darauf aus wäre?»

Nachdem mir Herr I. bei unserem ersten Treffen seine Geschichte erzählt hatte, sagte ich ihm, dass er sich zuallererst einmal folgende wichtige Tatsache klarmachen müsse:

Sie sind nicht so unnormal wie sie denken. Jeder Mensch erhält hin und wieder Besuch von einem Kobold oder Dämon, der ihm zu den unpassendsten Zeiten die unpassendsten Gedanken einflüstert.

Um ihn von der Richtigkeit dieser Aussage zu überzeugen, zeigte ich Herrn I. eine Liste mit negativen Gedanken aus einem Fragebogen, den Stanley Rachman – ein bedeutender englischer Psychologe – und seine Mitarbeiter in einer Londoner Studie ganz normalen Studenten vorgelegt hatten. Herr I. war sehr erstaunt, als er erfuhr, dass so gut wie alle befragten Studenten angegeben hatten, gelegentlich einen oder mehrere dieser Gedanken zu haben. Ein Teil dieser Gedanken ist in Tabelle 1 wiedergegeben.

Tabelle 1
Weit verbreitete negative Gedanken

Sexuelle Impulse oder Vorstellungen

- der Gedanke an gewalttätige sexuelle Handlungen
- der Gedanke an die sexuelle Bestrafung einer geliebten Person
- der Gedanke an «unnatürliche» sexuelle Handlungen (einschließlich Sex mit Tieren)
- der Impuls, sexuelle Praktiken auszuüben, bei denen dem Partner Schmerz zugefügt wird
- der Impuls, mit einer bekannten oder unbekannten attraktiven Frau sexuell verkehren zu wollen
- der Impuls, eine bekannten oder unbekannte Frau zum Sex zu zwingen
- blasphemische, obszöne Vorstellungen in Bezug auf die Jungfrau Maria

Gewalttätige Impulse oder Gedanken

- der Gedanke, einem älteren Menschen Schaden zuzufügen
- der Wunsch oder die Vorstellung, dass eine nahestehende Person eine Verletzung oder anderen Schaden erleidet
- der Impuls, einen Hund anzugreifen und zu töten
- der Impuls, jemanden angreifen und zu töten
- der Gedanke oder Wunsch, dass jemand vom Erdboden verschwindet
- der Impuls, jemanden zu schlagen oder ihm anderen Schaden zuzufügen
- der Gedanke, sich an jemandem fürchterlich zu rächen
- der Impuls, Kindern – vor allem ganz kleinen – etwas anzutun
- der Impuls, jemanden anzuschreien oder zu beschimpfen

Andere peinliche oder unpassende Impulse und Gedanken

- der Impuls, gewalttätig gegenüber anderen zu werden (z. B. ein Kind aus dem Bus zu werfen)
- der Impuls, anderen gegenüber ausfällig zu werden
- der Impuls, unflätige Dinge zu sagen – «das Falsche zur falschen Zeit»
- der Impuls, Leute zu schubsen oder wegzudrängen
- gotteslästerliche Gedanken während des Betens

Leicht verändert übernommen aus Rachman, S. & de Silva, P. (1978). Abnormal and normal obsessions. *Behaviour Research and Therapy, 16,* 233-248.

Als Nächstes teilte ich Herrn I. mit, dass diese negativen Gedanken nicht nur *heute* sehr weit verbreitet sind, sondern dass sie höchstwahrscheinlich *immer* zum Menschsein dazugehört haben, zumindest seit der Mensch sprechen kann und Regeln aufgestellt hat, die das Verhalten anderen gegenüber betreffen.

Etwas Ähnliches wie den Dämon der Infamie (also Neugier in Verbindung mit der Unfähigkeit des Menschen, bestimmte Gedanken aus seinem Kopf zu verbannen, wenn er dazu aufgefordert wird) finden wir bereits in der griechischen Mythologie: Pandora bekommt von den Göttern des Olymps eine Büchse und die Anweisung, diese unter keinen Umständen zu öffnen. Irgendwann gewinnt jedoch ihre Neugier Oberhand und sie öffnet die geheimnisvolle Büchse, aus der unzählige Plagen für den Körper und Leiden für die Seele entweichen.

Verzweifelt versucht sie, das Gefäß wieder zu verschließen, aber nur die Hoffnung bleibt darin, von den Göttern dazu bestimmt, der Menschheit angesichts der neuen Heimsuchungen Trost zu spenden.

In der Bibel ist es die Schlange – als Vertreterin des Satans – aus der Geschichte von Adam und Eva im Paradies, die die Rolle des Dämons einnimmt. Von dem Augenblick an, als Gott Adam und Eva sagt, dass es nur einen einzigen Baum im Garten Eden gibt, der für sie tabu ist, scheint die Entfesselung aller Kümmernisse (wie im Pandoramythos) unausweichlich.

Ian Osborne, Psychiater und Verfasser eines ausgezeichneten Buches über «Quälende Gedanken und geheime Rituale» (*Tormenting thoughts and secret rituals),* hat auf zwei Beispiele für das Wirken des Dämons der Infamie in zurückliegenden Jahrhunderten hingewiesen. Zum einen berichtet er von einer Frau aus dem 16. Jahrhundert, die gestand, negative Gedanken zu haben, in denen sie ihren Kindern und ihrem Mann etwas antat. Diese Frau wäre wegen dieser Gedanken fast auf dem Scheiterhaufen gelandet. Sie lebte in einer Zeit, in der man glaubte, dass Menschen, die derartige Gedanken haben, vom Teufel besessen seien – und zwar nicht im metaphorischen, sondern im wörtlichen Sinne. Nur durch das Eingreifen eines verständnisvollen Friedensrichters, der in diesen Vorstellungen die «bedeutungslosen aufdringlichen Gedanken einer guten, aber ‹melancholischen› Frau» erkannte, blieb es ihr erspart, zum Zweck der Teufelsaustreibung verbrannt zu werden.[3]

Vor nicht ganz so langer Zeit, im 18. Jahrhundert, erhielt Theresia von Lisieux, die heute als Schutzheilige Frankreichs gilt, einen Brief von einer Cousine, in dem diese schreckliche sexuelle Zwangsgedanken beschrieb, von denen sie heimgesucht werde, und Theresia um Hilfe bat. Theresia, die – wie Osborne anmerkte – wahrscheinlich selbst unter Zwangsgedanken litt, fand tröstende Worte für ihre Cousine: «Du hast dir nicht die Spur einer Übeltat vorzuwerfen. Ich kenne diese Anfechtungen so gut, dass ich dir dies unbesorgt versichern kann ... Wir müssen uns über all diese Anfechtungen hinwegsetzen und dürfen ihnen keinerlei Beachtung schenken. Höre nicht auf den Teufel. Verhöhne ihn.» Auch hier wird der Dämon der Infamie mit dem Teufel gleichgesetzt, der aber für Theresia eher ein lästiger Störenfried als eine zu fürchtende Macht darstellt.

Wie der Dämon seine Gedanken auswählt

Aus Gesprächen mit Hunderten von Patienten mit negativen Gedanken habe ich die folgende Faustregel abgeleitet:

Die Gedanken, die der Dämon der Infamie aussucht, um seine Opfer zu peinigen, beziehen sich meist auf das, was diese als das Unpassendste und Schlimmste ansehen, was sie tun könnten.

Um diesen Punkt zu verdeutlichen, nenne ich im Folgenden die negativen Gedanken einiger meiner Patienten (denen Sie zum Teil in den folgenden Kapiteln erneut begegnen werden), die mir alle sagten, dass es in den Gedanken ausgerechnet um solche Dinge ging, die für sie persönlich zu den unpassendsten, schlimmsten oder peinlichsten gehörten, die sie sich nur vorstellen konnten:[4]

- der Mann, der unter dem Gedanken litt, beim Autofahren jemanden zu überfahren,
- die Frau, die die Sorge hatte, sie könne ihre Enkelkinder von einer Brücke stürzen,
- die Mutter eines Säuglings, die dachte, sie könne ihr Kind vergiften,
- der Lehrer, der in der Sorge lebte, einen Schüler umgebracht zu haben,
- der Arzt, der unter der Vorstellung litt, Babys mit einem Skalpell verstümmeln zu können,
- der Priester, der den Gedanken nicht loswurde, er könne Frauen unzüchtig anstarren,
- die Frau, die von dem Gedanken an lesbischen Sex mit ihrer Schwester gequält wurde
- der Mann, dem sich Gedanken an Sex mit unbekannten Passanten auf der Straße aufdrängten,
- der Man, der befürchtete, er könne mit einem Messer auf Kinder einstechen,
- der Mann, der in der Sorge lebte, er könne Verlangen nach Sex mit Tieren haben,
- die Nonne, die glaubte, wegen unkeuscher Gedanken in der Hölle zu landen, und
- die Frau, die Angst vor dem Zubettgehen hatte, weil sie befürchtete, im Schlaf «böse» sexuelle Gedanken zu haben.

Das Schlimmste, Peinlichste und Unpassendste, was wir glauben, tun zu können – kann sich das im Laufe der Zeit ändern? Es kann, wie deutlich wird, wenn wir uns die Geschichte von Herrn I. ein bisschen näher ansehen.

Wie ich nämlich durch weiteres Nachfragen herausfand, hatte der Dämon der Infamie Herrn I. bereits zu anderen Zeiten an seinen Schwachstellen angegriffen. Im Jugendalter war das Schlimmste, was sich Herr I. vorstellen konnte, homosexuell zu sein, wodurch er sich zum Opfer erbarmungsloser Hänseleien von Seiten seiner Mitschüler gemacht hätte. Obwohl er heterosexuell war, begann der Dämon, ihm entsprechende Gedanken einzuflüstern. Wenn er zum Beispiel einen Blick auf eine attraktive Mitschülerin warf und eine angenehme Erregung spürte, schickte ihm der Dämon den Gedanken, dass es in Wirklichkeit der neben ihm sitzende Junge war, den er so attraktiv fand. Bald merkte er, dass er, sobald er einen gut aussehenden Jungen in der Schule oder auf der Straße sah, automatisch seine körperlichen Reaktionen überprüfte, um sicher zu stellen, dass er nicht sexuell erregt war.[5] «Waren da etwa schon die ersten Anzeichen einer Erektion?», fragte er sich. Allein dadurch, dass er sich er auf seinen Unterleib konzentrierte, spürte er oft bereits etwas, was ausreichte, um ihn in seiner Sorge zu bestätigen. Er ging dann nach Hause, legte sich ins Bett und dachte an Selbstmord. Er war sich sicher, dass seine Klassenkameraden bald herausfinden würden, was mit ihm los war, und ihn dann erbarmungslos aufziehen würden.

Aber ein bis zwei Jahre später geschah etwas Erstaunliches: Herr I. fand heraus, dass einige seiner Freunde schwul waren und die Möglichkeit, als Homosexueller verspottet zu werden, war auf einmal nicht mehr besonders bedrohlich für ihn. Daraufhin änderte der Dämon der Infamie seine Strategie und begann, Herrn I. mit einem anderen negativen Gedanken das Leben schwer zu machen.

Damals war Herr I. ein fortschrittlich eingestellter Student, für den es nichts Schlimmeres gab als eine fremdenfeindliche oder rassistische Haltung. Wenn ihm nun ein Afroamerikaner auf der Straße entgegenkam, verspürte er plötzlich den Impuls, «Nigger» zu rufen. Zwar konnte er sich zurückhalten, der Gedanke blieb ihm jedoch im Kopf und quälte ihn entsetzlich. Hatte das etwa zu bedeuten, dass er tief in seinem Inneren ein Rassist war? Er konnte es kaum glauben, aber vielleicht stimmte es ja. Er hasste diese Gedanken, die er mehrere Jahre lang nicht loswurde. Eines Tages schließlich wurde Herrn I. klar, dass er kein Rassist war, und bald erschienen ihm die Gedanken irreal. Irgendwann waren sie dann ganz verschwunden. Aber der Dämon der Infamie war noch nicht fertig mit ihm.

Zu dem Zeitpunkt war es das Verabscheuungswürdigste, was er sich vorstellen konnte, sich an einem Tier zu vergehen – und natürlich wurde dies zum Punkt, wo der Dämon zuschlug. Es tauchten die Zwangsgedanken auf, die ihn letztendlich in unser Behandlungszentrum brachten.[6] Und es waren offensichtlich die schlimmsten von allen. Um kein Risiko einzugehen, ging er gar nicht mehr aus dem Haus. Damit hatte der Dämon Herrn I. fast vollständig im Griff. Zum Glück gelang es ihm bald, sich aus dieser Situation zu befreien, aber wir wollen nicht vorgreifen.

Das Unterdrücken der Gedanken

In einigen Fällen hängt es davon ab, wie man auf den Dämon der Infamie reagiert, ob die negativen Gedanken den Schweregrad einer behandlungsbedürftigen psychischen Störung annehmen.

So kam zum Beispiel vor einigen Jahren Herr J., ein Priester in den späten Fünfzigern, zu uns, um sich gegen sexuelle Zwangsvorstellungen behandeln zu lassen, die sein berufliches und privates Leben zu zerstören drohten. Das Schlimmste, was ihm seiner Vorstellung nach passieren konnte, war, dabei ertappt zu werden, «unzüchtige» Blicke auf eine junge Frau zu werfen. Auch sein persönlicher Dämon der Infamie suchte sich genau die Stelle aus, an der er am verwundbarsten war.

Jedes Mal, wenn ihm auf der Straße eine junge attraktive Frau entgegenkam oder er ein Gespräch mit einem jungen weiblichen Gemeindemitglied führte, spürte er den Drang, ihr auf die Brüste, den Po oder zwischen die Beine zu starren. Über viele Jahre hinweg versuchte er mit aller Kraft, aber mit nur wenig Erfolg, diesen Impuls zu unterdrücken. Schließlich fand er den Weg in unser Behandlungszentrum. Hier ein Teil der Geschichte, die er mir erzählte.

Der Geistliche ertappte sich selbst dabei, einer entgegenkommenden Frauen auf die Brüste zu schauen, auch wenn er sich dagegen wehrte. Er versuchte, seinen Blick abzuwenden, aber je mehr er sich darum bemühte, desto schwieriger wurde es und er konnte nicht umhin, seine Augen auf ihren wogenden Busen zu richten. Er zwang sich schließlich wegzuschauen, bis sie an ihm vorbeigegangen war, aber dann drehte er sich unwillkürlich um und starrte auf ihr wohlgeformtes Hinterteil. Er betete, dass ihn niemand dabei sah. Hatte ihn jemand beobachtet? Wenn ja, was sollten die Leute bloß von ihm denken, einem Gottesmann, der eine junge Frau so schamlos anstarrte? Würden sie ihn für pervers oder gar für einen Vergewaltiger halten?

Er wandte sich nach vorne und beschloss, seinen Blick fest auf den Bürgersteig zu richten, während er seinen Weg in die Klinik fortsetzte, wo er mit mir über diese obszönen Gedanken sprechen wollte, die ihn so sehr quälten. «So ist es besser,» dachte er. «Wenn ich fest nach unten schaue, klappt es.» Dies funktionierte, bis er ungefähr einen Straßenblock weiter wieder aufschaute und sein Blick erneut unweigerlich von einer jungen Frau angezogen wurde, der er abwechselnd auf den Busen und zwischen die Beine starrte. Nun schwirrte ihm das Bild durch den Kopf, wie er mit ihr sexuell verkehrte, woraufhin sich sofort massive Gefühle der Schuld und des Abscheus bei ihm einstellten. Trotz seiner starken Bemühungen hatte er schon wieder eine Frau angestarrt. Er kam einfach nicht dagegen an, und er wusste, dass sie es bemerkt hatte. Würde sie die Polizei rufen? Würde sie weglaufen? Könnte er doch nur den Blick von ihr lösen, aber es hatte keinen Sinn: Er war wie hypnotisiert. Gebannt starrte er auf gewisse Stellen ihres Körpers und sofort stiegen Schuld- und Schamgefühle in ihm auf. Nur unter Aufwendung all seiner Kraft gelang es ihm, dem Drang, sich umzudrehen und ihr nachzuschauen, zu widerstehen. Noch zwei Straßenblöcke – dann war er endlich in Sicherheit, nämlich bei mir im Behandlungszentrum, um zur Abwechslung mal *seine* Sünden einem anderen zu beichten.

Pater J. erzählt mir, dass er irgendwann dazu übergegangen war, seine Gedanken im Alkohol zu ertränken. Da er aber im Laufe der Zeit immer mehr trinken musste, um Ruhe zu haben, hatte er vor mehreren Jahren mit dem Trinken aufgehört. Jetzt war er den Gedanken schutzlos ausgeliefert. Was es der Teufel höchstpersönlich, der da sein böses Spiel mit ihm trieb, fragte er sich bisweilen? An manchen Tagen war er sich dessen ganz sicher. Wer sonst sollte ihm diese unerträglichen Gefühle und Gedanken schicken?

Schon als er noch ein Jugendlicher war, hatte das mit den Gedanken angefangen. Als er seinem Vorgesetzten davon erzählt hatte, war ihm gesagt worden, dass es irgendwann vorübergehen würde und er nur Geduld haben müsse. Es ging aber nicht vorbei. Mit der Einhaltung seines Keuschheitsgelübdes hatte er keine Schwierigkeiten. Probleme bereiteten ihm nur die obszönen Vorstellungen, die ihm immer wieder durch den Kopf gingen, und der innere Zwang, Frauen auf bestimmte Körperstellen zu starren. Warum kreisten seine Gedanken und Impulse ausgerechnet um das, wovor er am meisten Angst hatte, was er am widerwärtigsten und abscheulichsten fand?

Keiner der Menschen, die ihn in der Kirche bei den Zeremonien sahen, ahnte, welche Qualen er innerlich ausstand. Er hatte das Keuschheitsgelübde abgelegt – aber sein Geist schien dagegen zu rebellieren. Schließlich gestand er einem Mitglied seiner Gemeinde, welche Gedanken und Bilder sich ihm jedes Mal aufdrängten, wenn er auf der Straße oder in der Kirche ein attraktives weibliches Wesen erblickte. Dieses Geständnis sollte er bald bereuen. Er bekam einen Anruf von seinem Vorgesetzten, der ihm mitteilte, dass man sich aus der Gemeinde über ihn beschwert habe und ihn für gefährlich halte. Durch einen glücklichen Zufall hatte der Vorgesetzte von dem Phänomen Zwangsgedanken gehört und er empfahl ihm, sich bei uns behandeln zu lassen.

An unserem Zentrum nahm Herr J. an einer Medikamentenstudie teil. Er wusste, dass die Tabletten, die er bekam, mit einer Wahrscheinlichkeit von jeweils 50 Prozent entweder einen aktiven Wirkstoff enthielten oder ein reines Placebo aus Zucker waren. Als ich ihm am Ende unseres ersten Gesprächs das Röhrchen mit den ihm nach dem Zufallsprinzip per Computer zugeteilten Tabletten – Placebo oder Medikament – überreichte, stellte er mir eine Frage, die mich verblüffte. Er sagte mir, dass er mehrere Bücher über den Umgang mit Zwangsgedanken gelesen habe – unter anderem meines[7] –, und wollte wissen, ob er das Gelesene richtig verstanden habe: Stimmte es, dass es das Beste sei, sich nicht mehr gegen die Zwangsgedanken zu sträuben und sich gezielt in solche Situationen zu begeben, die die zwanghaften Vorstellungen auslösen, anstatt sie zu vermeiden?

Ich befand mich nun, wie ich ihm erklärte, in dem Dilemma, dass ich den Regeln der Studie gemäß niemandem Anleitungen zum Einsatz von Verhaltenstherapie geben durfte (schließlich handelt es sich bei der Verhaltenstherapie um eine sehr effektive Methode zur Behandlung von Zwängen, so dass entsprechende Hinweise mit der Gefahr einer Verzerrung der Untersuchungsergebnisse verbunden gewesen wären). Ich fühlte mich jedoch verpflichtet, ihm zu sagen, dass er die Grundprinzipien der Verhaltenstherapie durchaus richtig verstanden hatte. Allerdings konnte ich ihm, solange die Studie lief, keine konkrete Hilfestellung bei der Anwendung dieser Techniken geben.

Als Herr J. dann zunächst im einwöchigen, später im zweiwöchigen Abstand zu mir kam, stellte ich erfreut fest, dass er Fortschritte machte. Anscheinend tat das Medikament seine Wirkung und er brauchte nicht mehr gegen die Zwangsgedanken anzukämpfen oder attraktiven jungen Frauen aus dem Weg zu gehen, da seine Gedanken nur noch kurz auftauchten und dann gleich wieder verschwanden.

Als wir nach Beendigung der dreimonatigen Studie mit Hilfe der Yale-Brown Obsessive Compulsive Scale (YBOCS)[8] eine Einschätzung der Symptome des Pfarrers vornahmen, stellten wir zu unserer beiderseitige Freude fest, dass er als erster Teilnehmer aller unserer Medikamentenstudien einen Wert von Null erreicht hatte. Er kehrte in seine Gemeinde zurück und erst als er einige Monate später zu einer Nachuntersuchung zu uns kam, erfuhren wir beide, dass er die ganze Zeit über ein Placebo geschluckt hatte! Zu meiner Überraschung nahm er diese Nachricht relativ gelassen auf. Er habe, sagte er mir, die ganze Zeit schon vermutet, dass seine Fortschritte größtenteils seiner nach unserem ersten Termin getroffenen Entscheidung zuzuschreiben waren, nach Kräften die verhaltenstherapeutischen Prinzipien umzusetzen, die ich in meinem Buch dargestellt hatte. Er hatte sich selbst erlaubt, alles anzusehen, was er ansehen wollte, seinen Vorstellungen keinerlei Widerstand mehr entgegengesetzt und sich auf diese Weise selbst von seinen Zwangsgedanken befreit.[9]

In unseren weiteren Gesprächen erzählte ich Herrn J., dass seine persönlichen Erfahrungen in vollem Umfang dem wissenschaftlichen Kenntnisstand entsprachen. In der Fachwelt spricht man vom «Gedanken-Unterdrückungs-Effekt», ein Begriff, den der Psychologe Daniel Wegner eingeführt und in seinem sehr empfehlenswerten Buch *Die Spirale im Kopf: Von der Hartnäckigkeit unerwünschter Gedanken* erklärt hat. In einem klassischen Experiment zu diesem Effekt wurden Studenten aufgefordert, eine bestimmte Zeit lang *nicht* an weiße Bären zu denken. Es versteht sich schon fast von selbst, dass es den meisten Studenten sehr schwer fiel, zu verhindern, dass sich ihnen Gedanken an weiße Bären aufdrängten, auch wenn sie es noch so sehr versuchten. Noch interessanter war, dass es zu einem regelrechten Rückschlag-Effekt *(rebound)* kam. Das heißt, als die Studenten aufhörten, den Gedanken an weiße Bären zu unterdrücken, kam er ihnen viel häufiger in den Sinn, als wenn sie erst gar nicht versucht hatten, ihn zu unterdrücken.

Hier liegt sicher zumindest ein Teil des Problems des Priesters begründet. Je mehr er versuchte, attraktive Frauen nicht anzusehen, desto stärker wurde der innere Zwang, es zu tun. Dies brachte ihn dazu, Orte, an denen er weiblichen Wesen begegnen konnte, zu vermeiden, und, wie ich später noch näher erläutern werde, führt das Vermeiden einer Situation fast stets dazu, dass unsere Furcht vor dieser Situation noch zunimmt. Herr J. befand sich in einem Teufelskreis, der unter unseren Patienten weit verbreitet ist und sie häufig dazu veranlasst, sich in Behandlung zu begeben. Der Pater hatte das Glück, dass allein dadurch, dass er seinen inneren Widerstand gegen die Gedanken aufgab und auch keine Orte mehr vermied, an denen er attraktive Frauen zu Gesicht bekommen konnte, seine negativen Gedanken gezähmt wurden.

Was bringt uns dazu, negative Gedanken zu unterdrücken?

Viele Menschen hegen, auch wenn sie es nie zugeben würden, den Verdacht, dass wir tief in unserem Inneren ganz anders sind, als wir uns nach außen hin geben, und so manch dunkle Seite verbergen. Wenn sie daher Besuch vom Dämon der Infamie bekommen und sie negative Gedanken bei sich feststellen, sehen sie darin Anzeichen des Erwachens dieser anderen, finsteren Anteile der eigenen Person.

Die klassische literarische Beschreibung dieser Angst ist die Geschichte von Dr. Jekyll und Mr. Hyde aus der Feder von Louis Stevenson. Am Ende dieser Geschichte gesteht der aufrechte Bürger Jekyll einem Freund in einem Brief sein schlimmes Experiment. Er schreibt:

> [Ich wurde] dazu gedrängt, tief und unerbittlich über jenes harte Lebensgesetz nachzudenken, das einerseits die Wurzel der Religion ist, andererseits eine der stärksten Quellen des Elends bildet. Obwohl im Grunde ein Doppelwesen, war ich doch in keiner Hinsicht ein Heuchler. Beide Seiten meines Wesens waren mir tödlich ernst. Es entsprach nicht weniger meinem wahren Ich, wenn ich alle Hemmungen beiseite warf und mich in Schande tauchte, als wenn ich in der Helle des Tages mich um den Fortschritt der Wissenschaft oder um Milderung von Sorgen und Leiden mühte. Es traf sich, dass die Richtung meiner wissenschaftlichen Forschungen, die ganz auf Mystik und Übersinnliches zielten, diese Erkenntnis des ewigen Kampfes in meinem Innern stärkten und erleichterten. Mit jedem Tage und von beiden Seiten meiner Geistigkeit, der moralischen und der intellektuellen, näherte ich mich so ständig jener Wahrheit, durch deren teilweise Entdeckung ich zu einem so fürchterlichen Schiffbruch verdammt worden bin: dass der Mensch in

Wahrheit nicht eins, sondern wahrlich zwei ist. Ich sage zwei, weil der Status meiner eigenen Erkenntnis nicht über diesen Punkt hinausgeht. Andere werden folgen, andere werden mich auf dieser gleichen Linie überflügeln. Ja, ich wage anzunehmen, dass der Mensch sich schließlich bewusst werden wird eines ganzen Gemeinwesens vielfältiger, inkongruenter und unabhängiger Existenzen, die in ihm stecken. Ich für meinen Teil, nach der Natur meines Lebens, schritt unfehlbar in einer Richtung vorwärts, und nur in einer Richtung. Auf dem Gebiete der Moral, an meiner eigenen Persönlichkeit, lernte ich die absolute, unergründliche Zwiespältigkeit im Menschen erkennen. Ich sah, dass, wenn ich auch von den beiden Naturen, die im Bereiche miteinander im Kampfe lagen, mit Grund behauptete, die eine zu sein, dies lediglich deswegen geschehen konnte, weil ich wahr und wahrhaftig beide war. Schon sehr zeitig, sogar noch ehe der Verlauf meiner wissenschaftlichen Entdeckung angefangen hatte, auch nur die bloße Möglichkeit eines solchen Wunders in Betracht zu ziehen, vertiefte ich mich gern in angenehmen Wachträumen in den Gedanken einer Trennung dieser Elemente. Ich sagte mir, falls es gelänge, jede dieser beiden Naturen in gesonderte Persönlichkeiten zu verpflanzen, das Leben von allem dem, was jetzt unerträglich war, befreit sein würde. Der Ungerechte könnte seinem Weg folgen, befreit von den Aspirationen und Gewissensbissen seines rechtschaffenen Zwillingsbruders, und der Gerechte könnte fest und sicher seinen aufwärts führenden Pfad schreiten, das Gute tun, das seine Freude bildet, fürder nicht mehr Schande und Strafe ausgesetzt durch die Hand dieses ihm wesensfremden Bösen. Es war der Fluch der Menschheit, dass diese inkongruenten Teile so miteinander verbunden wurden – dass in dem qualdurchzuckten Schoße des Bewusstseins diese einander feindlichen Zwillinge ständig im Kampfe liegen mussten. Was würde geschehen, wenn man sie trennte? [10]

Leider neigen viele meiner Patienten beim ersten Auftreten ihrer aggressiven, sexuellen oder gotteslästerlichen Gedanken zu der Ansicht, dass in ihnen ein schlechter, verkommener Mensch – ein Mr. Hyde – steckt, der nur darauf wartete, entfesselt zu werden. Sie glauben an ein «wahres» Ich, dessen Auftauchen in den negativen Gedanken zum Ausdruck kommt.[11] Daraus schließen sie, dass sie alles tun müssen, um die Gedanken zu unterdrücken. Sie glauben, sie müssten den Versuch der dunklen Seite ihrer eigenen Persönlichkeit, sich in ihrem

Bewusstsein breit zu machen, abwehren. Leider machen sie damit, wie wir heute wissen, die Sache nur noch schlimmer (das Gleiche gilt übrigens für Bemühungen, die Gedanken mit Hilfe von Alkohol oder Drogen zu unterdrücken).

Als weitere wichtige Erkenntnis über die negativen Gedanken lässt sich somit festhalten:

Negative Gedanken bedeuten nicht, dass man tief in seinem Inneren ein schlechter Mensch ist, und der Versuch, diese Gedanken zu unterdrücken, lässt sie nur noch stärker werden.

Wie unterschiedlich Menschen in Abhängigkeit von ihrer Einstellung zu negativen Gedanken auf diese reagieren, wird sehr schön deutlich, wenn man den Bericht des Priesters mit einer Aussage des ehemaligen US-Präsidenten Jimmy Carter vergleicht.

Während der Priester in seinen sexuellen Gedanken und Impulsen etwas zutiefst Verwerfliches und Schändliches sah, was es unter allen Umständen zu unterdrücken galt, hatte Carter eine ganz andere Auffassung zu seinen negativen Gedanken. In einem berühmten Interview, das er dem *Playboy* gab, wurde Carter gefragt, ob er aufgrund seiner tiefreligiösen Überzeugung ein «strenger, unbeugsamer Präsident» sei. Seine – zu heftigen Diskussionen Anlass gebende – Antwort lautete wie folgt:

> Ich habe viele Frauen mit gierigen Augen angeschaut. In Gedanken habe ich meine Frau viele Male betrogen. Gott weiß, dass ich das getan habe und weiter tun werde und er wird es mir vergeben. Das soll nicht heißen, dass ich jemanden verurteilen würde, der die Frauen nicht nur mit gierigen Augen anschaut, sondern seine Frau verlässt und mit einer andern unverheiratet zusammenlebt. Jesus Christus sagt: Niemand soll sich einem anderen überlegen fühlen, nur weil der viele Frauen gehabt hat, während man selbst seiner Frau treu geblieben ist.

Damit gab Carter, ein zutiefst religiöser Mann, also zu, dass er unpassende sexuelle Gedanken zu unpassender Zeit hatte – dass er damit sogar eines der zehn Gebote gebrochen hatte. Er betrachtete diese Gedanken jedoch nicht als Schande oder als etwas, wofür Gott ihn bestrafen würde. Deshalb hatte er auch keinen Grund, die Gedanken zu unterdrücken oder Situationen zu vermeiden, in denen sie ausgelöst würden. Hätte er allerdings an Depressionen oder einer Zwangsstörung gelitten, hätten die negativen Gedanken möglicherweise ganz andere Auswirkungen auf sein Leben (und damit womöglich die Geschichte der Vereinigten Staaten) gehabt.

Kapitel 2

Negative Gedanken in Bezug auf Kinder

Du sollst nicht töten.

Die Bibel, Exodus 20, 15

Für die meisten Mütter eines Neugeborenen ist der schrecklichste, unpassendste Gedanke, der ihnen durch den Kopf gehen kann, der, ihrem Baby etwas anzutun. Selbst in den Gefängnissen, in denen die abgebrühtesten Verbrecher der Gesellschaft ihre Strafe absitzen, stehen Kindermörder ganz unten in der Rangordnung. Daher ist es keine Überraschung, dass sich der Dämon der Infamie sehr gerne auf dieses Thema einschießt, um Müttern und anderen Menschen, die mit Kindern zu tun haben, das Leben schwer zu machen.

Wir sind bereits Frau S. begegnet, der ständig der Gedanke durch den Kopf ging, sie könnte ihrer kleinen Tochter etwas antun, und die sich deswegen sehr so schämte, dass sie weder ihrem Ehemann noch ihrem Arzt etwas davon erzählte. Eines der ersten Dinge, die sie mich fragte, war dann auch, ob ich jemals von einer Mutter gehört hatte, die ähnlich fürchterliche Gedanken hatte. Sie war sichtlich erleichtert, als ich ihr mitteilte, dass diese Gedanken sehr viel weiter verbreitet sind, als gemeinhin angenommen wird; dass sich jedoch die meisten Betroffenen – genau wie Frau S. – zu sehr schämen, um mit irgendjemandem darüber zu sprechen. Erst ganz allmählich lernen wir, die richtigen Fragen zu stellen, um uns ein realistisches Bild von dieser heimlichen Epidemie zu machen.

Warum wischen einige Mütter den gelegentlich auftretenden Gedanken, sie könnten ihrem Baby etwas antun, einfach so vom Tisch, während andere diese Vorstellung so sehr quält, dass sie sich nicht mehr in der Lage fühlen, für ihr Kind zu sorgen? Offenbar sind Mütter, die unter Depressionen leiden, besonders anfällig für die Eingebungen des Kobolds in ihrem Kopf. Dies liegt vielleicht daran, dass ihr Gehirn möglicherweise derartige negative Gedanken nicht so gut aus den anderen herausfiltern kann wie sonst. Vielleicht bringt sie aber auch das negative Selbstbild, das häufig mit Depressionen einhergeht, dazu, in den Gedanken die Bestätigung dafür zu sehen, wirklich eine schlechte Mutter zu sein.

Negative Gedanken und Wochenbettdepressionen

Depressionen, die innerhalb von vier Wochen nach einer Entbindung auftreten, werden Wochenbett- oder Post-partum-Depressionen genannt; kommt es später zu depressiven Symptomen, spricht man einfach von einer «depressiven Episode».

Der Gedanke, dem eigenen Kind etwas antun zu können, ist bei Frauen, die unter einer Wochenbettdepression leiden, so häufig, dass er manchmal zu den Hauptmerkmalen der Störung gezählt wird. Zum Beispiel: «Eine Wochenbettdepression ist ein wahrer Albtraum voller unbeherrschbarer Ängste, nagender Schuldgefühle und zwanghafter Gedanken. Die betroffenen Müttern denken nicht nur daran, sich selbst etwas anzutun, sondern auch ihrem Baby.»[1]

Eine der ersten Studien, die sich zum Ziel setzte, diese Gedanken genauer zu untersuchen, wurde vor einigen Jahren begonnen. Damals erhielt ich einen Brief von Katherine Wisner, einer Psychiaterin aus Cleveland, deren Spezialgebiet die emotionalen Störungen von Frauen nach der Entbindung darstellten. In ihrem Brief schilderte Wisner, dass sie vielen Frauen mit einer Post-partum-Depression begegnet sei, die bei *sorgfältigem und einfühlsamem* Befragen zugaben, Zwangsgedanken zu haben, welche um die Möglichkeit kreisten, sie könnten ihrem Baby Schaden zufügen. Den meisten dieser Frauen, schrieb sie, seien diese Gedanken so peinlich, dass sie sie ihren Partnern und den Ärzten gegenüber verschwiegen. Daher plante Wisner die Durchführung einer wissenschaftlichen Studie mit dem Ziel festzustellen, wie häufig derartige Gedanken bei Müttern mit Wochenbettdepressionen vorkommen. In ihrem Brief bat sie um die Erlaubnis, den Fragebogen zu typischen Zwangsgedanken aus meinem Buch *Alles unter Kontrolle* zu verwenden. Ihrer Überlegung zufolge wären die Frauen vielleicht eher bereit, ihre eigenen Symptome offen darzustellen, wenn man ihnen einen Fragebogen mit einer Reihe von Beispielen für aggressive und sexuelle Zwangsgedanken vorlegen würde. Zum damaligen Zeitpunkt hatte ich bereits einige Frauen wie Frau S. kennen gelernt und begann mich für derartige Zwangsgedanken zu interessieren. Daher erlaubte ich Frau Wisner gern, meinen Fragebogen in ihrer Studie zu benutzen, und bat sie meinerseits, mich über die Ergebnisse auf dem Laufenden zu halten. Besonders interessant war für mich, dass sie in einer Einrichtung tätig war, an die sich Frauen nicht speziell wegen Zwangsgedanken und Zwangsstörungen wendeten, wie das in unserer Institution der Fall ist. Ich glaubte, dass wir dadurch Aufschluss darüber erhalten könnten, wie weit verbreitet negative Gedanken insgesamt sind.

Wissenschaftliche Studien brauchen ihre Zeit, wenn sie sorgfältig durchgeführt werden sollen; somit vergingen zwei Jahre, bis Wisner mir eine erste Version ihres Untersuchungsberichts zuschickte. Die Studie zeigte, dass negative Gedanken, in denen es um die Möglichkeit geht, dem eigenen Kind etwas anzutun, bei Frauen mit Wochenbettdepressionen sehr viel häufiger vorkommen, als ich gedacht hatte.[2] Einige konkrete Beispiele für derartige Zwangsgedanken sind in Tabelle 2 wiedergegeben.

Tabelle 2
Zwangsgedanken bei Wochenbettdepressionen

- das Baby in die Mikrowelle zu stecken
- das Baby zu ertränken
- das Baby zu erstechen
- das Baby die Treppe hinunter oder über ein Geländer zu werfen
- das Baby in einem Sarg liegen zu sehen
- das Baby mit blutendem Kopf auf dem Boden liegen zu sehen, erschlagen von einem Deckenventilator
- zu sehen, wie das Baby von Haifischen zerfetzt wird

Leicht verändert aus Wisner et al.[3]

Woher wissen wir, dass es sich bei diesen Gedanken einfach um irrationale Zwangsvorstellungen handelt und nicht um echte Mordimpulse? (Oder, wie eine meiner Patientinnen es formulierte: «Woher nehme ich die Sicherheit zu sagen, dass ich nicht eines Tages wirklich meine Kinder ertränke, so wie das diese Susan Smith getan hat, über die so viel in der Zeitung stand?»). Auf diese wichtige Frage werden wir im nächsten Kapitel noch näher eingehen. Hier nur so viel: Einige wichtige Hinweise aus der Studie von Wisner zeigen sehr deutlich, dass die fürchterlichen Gedanken der Frauen das Werk des Dämons der Infamie waren. Die Frauen mit den Wochenbettdepressionen hatten nicht nur negative Gedanken in Bezug auf die Möglichkeit, ihrem Baby etwas anzutun, sondern gaben darüber hinaus auch an, Zwangsgedanken mit folgenden Inhalten zu haben: Angst, etwas Peinliches zu tun (32%), Angst davor, dass etwas Schreckliches passiert (22%), gotteslästerliche Gedanken (19%), Angst, körperlich nicht in Ordnung zu sein (16%), Angst, sich selbst etwas anzutun (11%), Angst, Obszönitäten von sich zu geben (11%), sexuelle Zwangsgedanken (8%) und Angst, ungewollt einen Diebstahl zu begehen (3%). Der gemeinsame Nenner aller Gedanken: die Angst, etwas völlig Unpassendes zur völlig unpassenden Zeit zu tun.

Um eine genauere Vorstellung davon zu bekommen, was die Frauen Wisner über ihre Gedanken erzählt hatten, fragte ich sie, ob die Patientinnen diese eher als *Impulse*, dem Baby Leid zuzufügen, oder als *Sorge*, dass dies passieren könnte, geschildert hatten. Die Antwort: Die Frauen hatten ihr erzählt, dass es sich «weniger um einen ‹Drang›, dem Baby etwas anzutun, sondern eher um die Angst handelte, ‹die Kontrolle zu verlieren› und dann auf das Baby loszugehen. So lebte eine Frau beispielsweise in der Sorge, sie könne beim Tomatenschneiden ‹irgendwie› die Beherrschung verlieren und mit dem Messer auf ihr Baby einstechen; eine andere befürchtete, ein ‹Black-out› zu haben, ihr Kind zu vergiften und sich später nicht einmal mehr daran zu erinnern.»

Das Resultat der Untersuchung von Katherine Wisner ermöglicht uns zu überschlagen, wie häufig derartige negative Gedanken in etwa auftreten. Nach vorsichtigen Schätzungen kommt es ungefähr nach 10 Prozent der Entbindungen zu Wochenbettdepressionen. Gehen wir davon aus, dass die Hälfte der betroffenen Frauen aggressive Zwangsgedanken in Bezug auf das Baby entwickeln, kommen wir zu der Schätzung, dass es in den Vereinigten Staaten, wo jährlich ca. 4 Millionen Babys geboren werden, pro Jahr 200 000 Fälle gibt. Katherine Wisner hält diese Schätzung für realistisch. Natürlich sind dabei noch nicht die Frauen berücksichtigt, die unter entsprechenden Zwangsgedanken leiden, ohne eine Post-partum-Depression zu haben (auf diese werden wir etwas später noch gesondert eingehen).

Zu allem Übel müssen wir außerdem davon ausgehen, dass nur ein kleiner Teil der betroffenen Frauen ihrem Partner oder ihrem Arzt etwas von den Gedanken erzählen. Die meisten leiden still vor sich hin. Noch einmal Katherine Wisner: «Meiner Erfahrung nach schrekken die meisten Frauen davor zurück, irgendjemandem – und sei es dem eigenen Ehemann – etwas von den Zwangsgedanken zu erzählen. Dem Gynäkologen gegenüber werden diese Gedanken fast immer verschwiegen – aus Angst, für ‹verrückt› gehalten zu werden. Auch wir erfahren oft erst von den Zwangsgedanken, wenn wir uns direkt und in sachlichem Ton danach erkundigen; viele Mütter brechen dann in Tränen aus und fragen: ‹Woher wissen Sie das?›»

Wisner berichtete mir auch von Müttern, die durch die Art und Weise, wie sie ihre Gedanken interpretierten, noch depressiver wurden: «Habe ich solche Gedanken, weil ich eine schlechte Mutter bin?» «Heißt das, dass ich dieses Kind eigentlich gar nicht gewollt habe?» «Schleppe ich irgendwelche Konflikte aus der Kindheit mit mir herum, derentwegen ich in der Lage wäre, meinem Kind etwas anzutun?» «Wenn ich irgendjemandem etwas von diesen Gedanken erzähle, wird mir das Kind dann weggenommen?» Derartige Deutungen können eine Wochenbettdepression noch verschlimmern, was wiederum oft noch mehr negative Gedanken in Bezug auf das Baby zur Folge hat.

Negative Gedanken nach der Wochenbettphase

Natürlich gibt der Dämon der Infamie sein böses Spiel mit der Mutter nicht so ohne weiteres auf, wenn die dreimonatige Wochenbettphase vorbei ist. Mehrere Studien jüngeren Datums haben gezeigt, dass manche Mütter noch Zwangsgedanken in Bezug auf ihre Kinder haben, wenn diese bereits drei Jahre alt sind.

Vor kurzem befragten Jennings und seine Mitarbeiter vom *Western Psychiatric Institute and Clinic* in Pittsburgh 100 depressive Frauen, die mindestens ein Kind unter drei Jahren hatten, zu Zwangsgedanken, die darum kreisten, ihren Kindern Schaden zuzufügen. Einundvierzig dieser Frauen (also 41%) gaben an, derartige Gedanken zu haben. Ein beträchtlicher Teil der Frauen sagte, dass sie Angst davor hatten, mit ihren Kindern allein zu sein. In einigen Fällen war diese Angst so groß, dass die Frauen außerstande waren, ihre Kinder zu versorgen. Um eine Vergleichsgruppe zu haben, stellte die Forschergruppe 46 nichtdepressiven Frauen die gleichen Fragen, wobei sich zeigte, dass von diesen «nur» sieben Prozent entsprechende Zwangsgedanken hatten.[4] (Zwar war die Zahl der Betroffenen in dieser Gruppe deutlich geringer als in der Gruppe der depressiven Mütter, hochgerechnet auf die Vereinigten Staaten bedeutet dies jedoch, dass zusätzlich zur bereits genannten Zahl jährlich 280 000 nichtdepressive Frauen Zwangsgedanken entwickeln, in denen es um die Möglichkeit geht, dass sie ihren Kindern etwas antun könnten.)

Keineswegs leiden nur die Mütter ganz kleiner Kinder unter derartigen negativen Gedanken. So suchte mich eines Tages Frau K. auf, eine berufstätige Mutter in den Vierzigern, die unter der quälenden Vorstellung litt, sie könne ihre Kinder – beide im Teenageralter – im Schlaf erstechen. Frau K. berichtete, was in ihr vorging, wenn sie nachts mit ihren Kindern allein war. Ihr Sohn und ihre Tochter schliefen oben in ihren Zimmern, während ihr auf einmal der Gedanke durch den Kopf ging, sie könne die beiden mit einem Messer erstechen. Ihr Blick wanderte unwillkürlich zu einem großen Steakmesser, das auf dem Küchenbüfett lag, und sie sah vor ihrem inneren Auge, wie sie das Messer ihrer unschuldigen Tochter tief in den Leib rammte – eine Vorstellung, die ihr das Blut in den Adern gefrieren ließ. Das Blut des Mädchens hinterließ tiefrote Flecken auf der Bettwäsche. Sie malte sich aus, wie ihre Tochter die Augen öffnete und sie entsetzt anblickte. Obwohl sie mit aller Kraft versuchte, die Gedanken abzuwehren, kam ihr nun ihr Sohn in den Sinn, den die panischen Schreie seiner Schwester aufgeweckt hatten und der nun vor Entsetzen wie gelähmt in seinem Bett lag. Frau K. stellte sich vor, wie sie in sein Zimmer hinüberlief, das Messer auf seine Brust richtete und dann ... Irgendwann schaffte sie es, ihren Blick von dem Steakmesser auf dem Küchenschrank zu lösen. Sie sagte sich, dass sie diese Gedanken einfach nicht mehr zulassen durfte – nicht, wenn ihr Mann unterwegs und sie mit den Kindern allein war. Nun spürte sie den kalten Schweiß auf ihrer Stirn und ihrer Oberlippe und wischte sich mit zitternder Hand das Gesicht ab.

Nachdem Frau K. mir berichtet hatte, welche Ängste sie oft ausstand, wenn sie mit ihren Kindern allein zu Hause war, sprachen wir darüber, wie alles angefangen hatte. Wir fanden es beide merkwürdig, dass diese Gedanken und Ängste erst jetzt aufgetaucht waren, wo ihre Kinder bereits älter waren, und nicht früher, als sie noch kleiner und viel verletzlicher waren. Wie Frau K. mir erzählte, hatte sie sich vom Vater der Kinder scheiden lassen, als diese noch relativ klein waren, und damit eine Ehe beendet, in der sie seelisch und körperlich misshandelt worden war. Erst seit sie vor kurzem wieder geheiratet hatte und nun eine glückliche Ehe mit einem liebevollen Mann führte, hatten die Zwangsvorstellungen eingesetzt. Frau K. meinte dazu: «Wenn alles gut läuft, fast *zu* gut, dann schickt mir meine Psyche irgendetwas,

was mich wieder runterzieht. Als ob das alles einfach zu schön wäre, um wahr zu sein, und ich irgendwo die Angst hätte, ich könnte etwas tun, was es wieder kaputt machen würde.»

Zwar können wir nicht genau sagen, warum Frau K. Zwangsgedanken bekam, als ihre Kinder bereits im Jugendalter waren, aber klar ist, dass es sich nicht um einen Einzelfall handelt. Im Laufe der Jahre bin ich immer wieder Patienten begegnet, die wie Frau K. ausgerechnet dann unter Zwangsgedanken litten, wenn – wie sie es sagte – alles *zu gut* lief.

Negative Gedanken bei Tanten und Großmüttern

Nicht nur Mütter können von der zwanghaften Vorstellung gequält werden, sie könnten ihrem Baby etwas antun: Der Dämon der Infamie ist hier keineswegs festgelegt, sondern sucht sich seine Opfer unter allen Personen aus, die mit kleinen Kindern zu tun haben und eine gewisse Verantwortung für sie tragen.

Frau G., eine beruflich erfolgreiche Frau in den Fünfzigern, hatte sich ihrem Arzt anvertraut und ihm erzählt, dass sich ihr immer wieder der Gedanke aufdrängte, sie könnte ihrem Enkelkind etwas antun. Der Arzt hatte sie an mich überwiesen und so saß sie vor mir und erzählte mir von ihrer Enkelin, die sie sehr liebte und für die sie ursprünglich auch gern als Babysitter fungiert hatte. In letzter Zeit hatten ihr die Zwangsgedanken jedoch jede Freude an dieser Aufgabe genommen.

Bei unserem ersten Termin berichtete Frau G., dass sie jedes Mal, wenn sie allein auf ihr Enkelkind aufpasste, mit Zwangsgedanken zu kämpfen hatte. Ging sie mit dem Baby im Kinderwagen spazieren, kam ihr der Gedanke: «Was ist, wenn es mich auf einmal packt und ich den Kinderwagen vor ein Auto stoße?» Wenn sie eine Brücke in der Nachbarschaft überquerte, drängte sich ihr die Vorstellung auf, sie könne das Baby über das Brückengeländer ins Wasser und damit in den sicheren Tod stürzen. Blieb sie im Haus, um derartige Gedanken zu vermeiden, überfiel sie die Sorge, sie könne das Kind aus dem Fenster werfen oder es im Kinderbettchen ersticken (der Dämon der Infamie ist überaus einfallsreich). Frau G. litt sehr unter diesen Gedanken. Sie verstand etwas von Psychologie und konnte relativ genau angeben, wo die Ursache ihrer Zwangsgedanken lag.

Ihr Problem, so sagte sie mir, bestehe nicht so sehr darin, dass sie den Drang verspüre, ihre Enkelin umzubringen, sondern vielmehr in der Angst, sie könne irgendwie die Kontrolle über sich verlieren. Sie formulierte es so: «Meine Angst ist nicht, dass ich in meiner momentanen Verfassung etwas Derartiges tun könnte, aber ich habe Angst davor, möglicherweise in einen Zustand zu geraten, in dem ich dazu in der Lage wäre. Wenn ich jetzt im Moment darüber nachdenke, weiß ich, dass es nicht passieren wird. Aber ich spüre, wie es in mir schwelt, es ist immer da und irgendwann schlägt es wieder zu, dieses Monster, dieses Ungeheuer.»

Ich ermutigte Frau G. dazu, ihrem Mann von den Gedanken zu erzählen. Über seine Reaktion war sie erleichtert: «Er konnte gar nicht glauben, was er da hörte. Er wusste, dass ich so etwas nie tun würde, dass das nur schlechte Gedanken sind.» Als ich Frau G. fragte, warum ihr Mann wohl so viel Vertrauen zu ihr habe, antwortete sie: «Weil er mich täglich im Umgang mit anderen Menschen erlebt. Er sagt, dass er sich damals in mich verliebt hat, weil ich so freundlich zu anderen bin. Er hat mich zum Beispiel daran erinnert, wie wir einmal zusammen in einer Schiffskabine waren und ich sah, dass eine Biene hinter eine Scheibe geraten war und da nicht mehr wegkam. Ich sagte ihm, dass die Biene nicht sterben sollte, und somit verbrachte er die erste Stunde unseres ersten gemeinsamen Wochenendes damit, die Scheibe abzuschrauben, um die Biene zu retten. Er hat mich gefragt: Klingt das nach jemandem, der seine eigene Enkelin umbringen würde? Er hat mir auch gesagt, dass er mich als sehr sanft, herzlich und liebevoll erlebt und dass er sich es für ausgeschlossen hält, dass ich die schlimmen Dinge tun könnte, die mir da durch den Kopf gingen.» Es versteht sich von selbst, dass Frau G. diese Reaktion ihres Ehemanns mit großer Erleichterung aufnahm, da sie schon befürchtet hatte, dass er sie für verrückt halten würde.

In einem der weiteren Kapitel werde ich noch darauf eingehen, wie Frau G. es schaffte, diese negativen Gedanken so weit zu «zähmen», dass sie heute völlig problemlos mit ihren Enkeln umgehen kann. Aber ich will nicht vorgreifen. An dieser Stelle soll nur betont werden, dass nicht nur Mütter von dem zwanghaften Gedanken befallen werden, sie könnten einem Kind etwas Schlimmes zufügen.

Vor einiger Zeit hat mir Frau G. ein weiteres Beispiel geliefert, als sie mir von einem kurzen Besuch bei ihrer Schwester erzählte, die Mutter eines Säuglings ist. Zu ihrer Überraschung kehrten ihre negativen Gedanken zurück. Sie berichtete ausführlich, was passierte, als sie einmal mit dem kleinen Jungen, den sie zuvor erst einmal gesehen hatte, allein war.

Ich bin mit dem Baby im Kinderwagen spazieren gegangen. Das Dach des Kinderwagens war hochgeklappt und das Baby war zugedeckt und hatte ein Mützchen auf. Es schlief. Plötzlich hatte ich Angst, dass es vielleicht nicht atmen kann, und dann fiel mir ein, dass ich mal gehört hatte, dass beim plötzlichen Kindstod die Babys in Wirklichkeit oft erstickt worden sind. Und sofort musste ich denken: «Und wenn jetzt bei mir eine Sicherung durchbrennt und ich nicht nur Zwangsgedanken habe, sondern das Baby wirklich ersticke?» In der restlichen Zeit habe ich unheimlich aufgepasst und wenn ihm das Mützchen oder die Decke ein bisschen ins Gesicht rutschten, habe ich sie immer sofort wieder weggezogen, damit es nicht erstickte. Ich hatte keine Bilder im Kopf und keinen Drang, es zu ersticken, nur diese gemeine Stimme, die sagte: «Was, wenn du das wirklich machen würdest?» und «Wäre es nicht schrecklich, wenn du das Baby ersticken würdest?» Aber vom Verstand her wusste ich, dass ich das niemals tun würde. Ich habe meiner Schwester nichts davon gesagt. Sie wäre bestimmt entsetzt gewesen und hätte mich nicht mehr an ihr Baby gelassen. Ob Sie es glauben oder nicht, als ich wieder zu Hause war, habe ich darauf gewartet, dass das Telefon klingelt und man mir sagt, dass das Baby erstickt worden sei.

Frau G. fand, dass die Metapher eines infamen Kobolds, der ein böses Spiel mit seinen Opfern treibt, gut beschrieb, was in ihr vorging. Dazu fielen ihr noch zwei weitere negative Gedanken ein, die sie bisweilen gequält hatten.

- Als sie vor kurzem eine Torte für eine werdende Mutter bestellte, hatte sie plötzlich den Impuls, dem Bäcker zu sagen: «Schreiben Sie drauf: Hoffentlich wird es ein behindertes Baby.»
- Wenn sie ihren Enkeln die Windeln wechselte, musste sie oft denken: «Ich will ihre Geschlechtsteile nicht anschauen – es könnte ja eine Sicherung bei mir durchbrennen und ich vergehe mich an ihnen.»

Gedanken wie diese sind sozusagen die Visitenkarte des Dämon der Infamie. Es handelt sich dabei nicht um mordlustige Vorstellungen einer gefährlichen Irren, sondern vielmehr um die Furcht einer ansonsten ganz normalen Frau, im absolut unpassendsten Augenblick das absolut Unpassendste zu tun.

Zwar sind Zwangsgedanken sexueller Art in Bezug auf kleine Kinder seltener als solche aggressiven Inhalts, ich habe jedoch auch eine Reihe von Frauen kennen gelernt, die derartige Gedanken hatten.

Frau M. beispielsweise, Mitte Zwanzig, Mutter eines zweijährigen Sohnes, erzählte mir vor einiger Zeit, dass sie sich regelrecht dazu zwingen müsse, ihr Kind zu baden. Wenn sie ihn nackt sehen würde, so befürchtete sie, könnte sie die Beherrschung verlieren und ihn unsittlich berühren. Wie die meisten Mütter und Väter, die die Angst haben, sie könnten ihre Kinder sexuell missbrauchen, befürchtet Frau M. auch, ihrem Sohn noch andere Dinge antun zu können, ihn beispielsweise mit einem Kopfkissenbezug zu ersticken oder mit einem Messer zu erstechen. Ihre sexuellen Zwangsgedanken sind also nur eine von mehreren Möglichkeiten, wie sich der Dämon der Infamie bei ihr bemerkbar macht. Das einzige, was sie fast so schlimm finden würde wie ihren Sohn umzubringen wäre, ihn sexuell zu missbrauchen. Deshalb sucht sich der Dämon genau diesen Gedanken aus, um sie zu piesacken.

Lange Zeit lagen keine Veröffentlichungen über sexuelle Zwangsgedanken in Bezug auf die eigenen Kinder vor, was wohl vor allem daran liegt, dass solche Gedanken noch seltener zugegeben werden als Zwangsgedanken aggressiven Inhalts. Kürzlich haben jedoch zwei englische Forscher von zwei Müttern von Neugeborenen berichtet, die unter derartigen Gedanken litten.[5] Da mindestens ein Viertel aller Zwangspatienten auch unter sexuellen Zwangsgedanken leiden – so die Überlegung von I. F. Brockington und A. D. Filer vom *Queen Elizabeth Psychiatric Hospital* in Birmingham –, sei es naheliegend, dass auch einige Mütter von der zwanghaften Vorstellung befallen werden, sie könnten sich an ihren eigenen Kindern vergehen. Bei den beiden Fällen, die sie beschreiben, handelt es sich um die einzigen bislang in der medizinischen Literatur dokumentierten. Um zu verdeutlichen, welche bizarren Formen solche sexuellen Zwangsgedanken annehmen können, erzählte mir Brockington von einem Fall, bei dem eine Schwangere von der Zwangsvorstellung befallen war, sie könne den ungeborenen Fötus sexuell missbrauchen. Menschen mit derartigen Zwangsgedanken sind sich durchaus darüber im Klaren, wie unrealistisch diese Gedanken sind – wenn sie sich in einem entspannten Zustand und in sicherer Distanz zu ihrem Kind befinden. Wenn sie jedoch mit ihrem Baby allein sind – was sie in der Regel zu vermeiden trachten –, steigt die Angst in ihnen auf, sie könnten «ausrasten» und ihre fürchterlichen Gedanken in die Tat umsetzen.

Negative Gedanken bei Männern

Zwar ging es in diesem Kapitel schwerpunktmäßig um Frauen und deren Angst, sie könnten einem Kind etwas antun, aber ich möchte nicht den Eindruck erwecken, als seien Männer vor solchen Gedanken völlig gefeit. Ganz im Gegenteil: Ich habe eine Reihe von Männern kennen gelernt – sowohl mit Kindern als auch ohne –, die massiv unter derartigen Gedanken litten. Von mehreren verheirateten Männern habe ich gehört, dass sie es immer wieder hinausgezögert haben, Kinder zu bekommen, und zwar aus Angst, sie könnten dem Neugeborenen etwas antun. Ihren Frauen hatten sie nie etwas davon erzählt.

Herr G., ein sehr gläubiger Mann in den Dreißigern, wandte sich wegen der quälenden Zwangsvorstellung an mich, er könne sich an seiner Tochter oder ihren Freundinnen vergehen. Was in einem solchen Moment in ihm vorging, beschrieb er mit folgenden Worten.

> Neulich habe ich meine Tochter Jane und ihre beste Freundin Katie nach Hause gefahren und die beiden siebenjährigen Mädchen haben gesungen und Quatsch gemacht und sich prächtig amüsiert – es war toll. Aber dann gingen mir auf einmal wieder solche schrecklichen Gedanken durch den Kopf: «Bist du ganz sicher, dass du Katie wirklich nicht vergewaltigen willst?» Ich fand den Gedanken widerwärtig und habe mir gesagt: «So etwas würde ich niemals tun.» Aber die Gedanken gingen weiter: «Kannst du dir hundertprozentig sicher sein?» und «Woher weißt du eigentlich, dass du es nicht schon getan hast?» Das hat mich fast um den Verstand gebracht.
>
> Ich habe kaum wahrgenommen, dass die Mädchen etwas zu mir sagten. Sie wollten wissen, warum ich so langsam fuhr. Ich war zu angespannt, um ihnen zu antworten. Während ich versuchte, mir klar zu machen, dass ich Katie *nicht* vergewaltigt hatte, baute sich vor meinem inneren Auge die Vorstellung auf, wie ich sie bedrängte und begrapschte! Ich versuchte, das Bild aus meinen Gedanken zu verdrängen, aber es blieb da und mir wurde richtig übel. Dann verwandelte sich die Vorstellung zu derjenigen, die für mich die allerschlimmste ist: Ich vergewaltige meine eigene Tochter... Wieso passiert ausgerechnet mir das, wo ich doch schon den bloßen

Gedanken an so etwas zum Kotzen finde? Es ist einfach grauenhaft.

Irgendwann verschwanden die Gedanken, aber ich wusste, dass ich mehrere Tage brauchen würde, um über die Geschichte hinwegzukommen und dass ich so lange Abstand zu meiner Tochter halten würde. Was würde bloß meine Frau denken, wenn sie irgendwann davon erfuhr?

Herr G. litt, wie die meisten Männer, die derartige Gedanken haben, jahrelang im Stillen, ehe er sich um Hilfe bemühte. Als er mit mir sprach, hatte er seiner Frau immer noch nichts Genaues über seine Zwangsgedanken erzählt – aus Angst, sie könnte sich von ihm scheiden lassen und verhindern, dass er seine Tochter jemals wiedersehen würde. Es ist unmöglich zu sagen, wie viele Männer unter sexuellen oder aggressiven Zwangsgedanken in Bezug auf kleine Kinder leiden, da Männer grundsätzlich seltener bereit sind, sich wegen psychischer Probleme in Behandlung zu begeben, als Frauen. Bei einem Großteil der Fälle, mit denen ich es bislang zu tun hatte, war der ursprüngliche Behandlungsanlass eine Alkohol- oder Drogenabhängigkeit – Folge eines erfolglosen Versuches der betroffenen Männer, sich selbst zu behandeln. Erst wenn sie erfahren, dass ihre aggressiven oder sexuellen Zwangsgedanken nichts völlig Außergewöhnliches sind, geben sie manchmal zu, solche Gedanken zu haben. In meinen Patientengruppen bin ich in letzter Zeit einigen Männern begegnet, die versucht haben, ihre Zwangsgedanken im Alkohol zu ertränken. Bei einem von ihnen handelte es sich um einen Lehrer, der nicht von dem Gedanken loskam, er könne, ohne es zu merken, seine männlichen Schüler sexuell belästigen – oder habe es bereits getan. Ein anderer Mann litt unter der Vorstellung, er könne mit einem Messer auf kleine Kinder einstechen, die ihm anvertraut wurden. (Anders als in vielen anderen Fällen war seine Frau, als er ihr von seinen Zwangsgedanken berichtete, nicht in der Lage, sie als das zu nehmen, was sie waren – bloße Gedanken –, und reichte die Scheidung ein. Begründung: Sie habe kein Vertrauen mehr zu ihm und könnte ihn mit ihren Kindern, die sie vielleicht in Zukunft haben würden, nicht allein lassen. Zum Glück reagieren die allermeisten Lebengefährten sehr viel verständnisvoller auf die irrationalen Zwangsgedanken ihres Partners.)

Im nächsten Kapitel wenden wir uns der wichtigen Frage zu, wie Sie sicher sein können, dass es sich bei Ihren negativen Gedanken um nichts anderes als um irrationale Befürchtungen handelt, die ihnen der

Dämon der Infamie eingibt. Wir müssen auf diese Frage eingehen, denn schließlich weiß jeder, der fernsieht oder Zeitung liest, dass es Leute gibt (zum Glück sehr wenige), die Kinder umbringen oder sexuell missbrauchen. Wenn solche Dinge niemals geschehen würden, gäbe es keinen Grund, sich wegen entsprechender Gedanken Sorgen zu machen. Wie bereits Sigmund Freud hervorhob, wären Tabus, Gebote und Verbote («Du sollst nicht ...») sinnlos, wenn Menschen nicht hin und wieder auch triebhaft handeln würden. Zwei Punkte gibt es jedoch, die – wie Sie noch sehen werden – sichere Anzeichen dafür sind, dass Sie Ihre negativen Gedanken, Vorstellungen und Impulse niemals in die Tat umsetzen werden: Zum einen die Tatsache, dass diese negativen Gedanken Sie so sehr beunruhigen, und zum anderen die Tatsache, dass Sie noch nie etwas von den Dingen getan haben, die Inhalt dieser Gedanken sind.

Kapitel 3

Wie kann ich sicher sein, dass es nur Gedanken sind?

So etwas wie absolute Sicherheit gibt es nicht, aber es gibt eine Form von Sicherheit, die für Zwecke des täglichen Lebens ausreichend ist.

John Stuart Mill (1806-1873)

Zwar versichere ich meinen Patienten immer wieder, dass Menschen, die unter belastenden negativen Gedanken leiden, diese nicht in die Tat umsetzen, aber ich kann verstehen, dass es sie entsetzt, solche Gedanken zu haben. Klar: Wenn *niemals* ein Baby von den eigenen Eltern umgebracht würde, wäre es ein Leichtes, entsprechende Gedanken als absurd abzutun. Leider leben wir jedoch in einer Welt, in der Säuglinge ermordet werden – und in den meisten Fällen von den eigenen Eltern. So wurde vor kurzem in der Zeitung von einer Mutter im Teenageralter berichtet, der vorgeworfen wurde, ihren einen Monat alten Sohn umgebracht zu haben, indem sie ihn in den Mikrowellenherd gesteckt und diesen angestellt hatte. Nun befand sie sich in einer psychiatrischen Klinik und wartete auf ihren Prozess.[1]

Stellen wir uns vor, welche Angst ein derartiger Artikel beispielsweise bei Frau S. auslösen kann, der Mutter eines Säuglings, von der bereits weiter oben die Rede war und die unter der Vorstellung litt, sie könne ihrem Kind etwas antun.

Die Medien versorgen uns regelmäßig mit Horrorstorys über die Welt, in der wir leben. So war neulich auf der Titelseite einer Sportzeitschrift die Besorgnis erregende Schlagzeile zu lesen: «Wer trainiert Ihr Kind? Die erschütternde Wahrheit über Kindesmisshandlung im Jugendsport». Darunter befanden sich die Fotos von acht Trainern, die wegen sexuellen Missbrauchs an ihnen anvertrauten Jugendlichen verurteilt worden waren.[2] Das Verdienst des Artikels bestand darin, Eltern vor wirklich gefährlichen Männern zu warnen, die es möglicherweise auf ihr Kind abgesehen haben. Erstaunlicherweise schaffen es, wie es in dem Bericht hieß, diese «Kinderschänder in privilegierter Stellung», im Durchschnitt 120 Kinder zu ihren Opfern zu machen, ehe sie ertappt werden.

Als Vater (und Amateurtrainer) werde ich die Empfehlungen, die die Zeitschrift für die Auswahl des Trainers seiner Kinder gibt, sicherlich beherzigen. Auf der anderen Seite sehe ich auch immer wieder, welche Auswirkungen derartige Berichte auf Männer haben können, die von der Vorstellung gequält werden, sie könnten sich eines Tages an einem Kind vergreifen – *wobei alles dagegen spricht, dass diese Männer jemals ihre negativen Gedanken in die Tat umsetzen.* Es ist kein Wunder, dass die meisten Teilnehmer an meiner Gruppe für Menschen mit Zwangsgedanken mir sagen, dass sie bereits irgendwann mit dem Gedanken gespielt haben, sich das Leben zu nehmen. «Manchmal bin ich davon überzeugt, dass ich mich nicht für das normale Leben in der Gesellschaft eigne.» So oder so ähnlich äußern sich viele meiner Patienten. Während eine derartige Aussage auf Kinderschänder wie die aus dem erwähnten Zeitschriftenartikel zutrifft (von denen einige Haftstrafen von bis zu 84 Jahren verbüßen müssen), so gilt sie *nicht* für jemanden, der sich mit Selbstzweifeln und Schuldgefühlen wegen seiner negativen Gedanken herumquält – Gedanken an Dinge, die er mit an Sicherheit grenzender Wahrscheinlichkeit niemals tun wird. Vielen meiner Patienten fällt es sehr schwer, diese beiden Dinge – den Gedanken an eine bestimmte Tat und die Bereitschaft, sie zu begehen – auseinander zu halten.

So gut wie alle Menschen, die negative Gedanken haben, leiden unter der quälenden, ständig wiederkehrenden Frage, ob sie nicht eines Tages doch «ausrasten» und ihre Gedanken in die Tat umsetzen könnten. So wuchs nach einem Amoklauf an einer Schule in Colorado bei mehreren meiner Patienten mit aggressiven Zwangsgedanken die Angst, sie könnten irgendwann ihren Gedanken Taten folgen lassen und selbst zum Amokläufer werden.

Vor einigen Jahren wurde in den Medien ausgiebig über den Fall der Susan Smith berichtet, die ihre beiden Kinder umgebracht hatte. Viele Frauen mit Zwangsgedanken waren entsetzt, als ans Licht kam, dass hier eine scheinbar völlig normale Mutter ihre Kinder im Auto festgebunden und den Wagen dann in einem See versenkt hatte. Die

Frage, die mir damals immer wieder gestellt wurde, lautete: «Woher weiß ich, dass es bei mir nicht irgendwann genauso endet wie bei Susan Smith?»

Ein vor kurzem erschienenes Buch über besonders schreckliche Verbrechen beschrieb die Szene mit folgenden Worten:

> Am Abend des 25. Oktobers 1994 setzte Susan Smith ihren Mazda in Gang, schlug die Tür zu und ließ ihn die Bootsrampe hinunter in das dunkle Wasser des Sees rollen. Auf dem Rücksitz festgebunden saßen ihre beiden kleinen Söhne. Eine Stunde später beschuldigte sie einen unbekannten Schwarzen, sie mit einer Pistole bedroht und die Kinder entführt zu haben. «Bringt mir meine Kinder zurück», schluchzte sie. Ihr tränenreicher Appell wurden landesweit im Fernsehen ausgestrahlt und Tausende von Menschen begaben sich auf die Suche nach den beiden Jungen. Als die Suche jedoch erfolglos blieb, konzentrierten sich die polizeilichen Ermittlungen zunehmend auf die unmittelbaren Angehörigen und schließlich machte Susan ein bestürzendes Geständnis. Sie brachte die Polizei an den See, wo schließlich die Leichen der beiden Jungen gefunden wurden.
>
> Ihre Lügen und Täuschungsmanöver lösten Schock und Wut in der Bevölkerung aus, die daran gewöhnt war, Kinder vor gefährlichen Fremden zu warnen, sich nun jedoch gezwungen sah, einer weitaus erschreckenderen Tatsache ins Auge zu sehen: Allein in den USA werden ungefähr eintausend Kinder im Jahr von einem Elternteil oder einem nahen Angehörigen umgebracht. Die Hälfte dieser Opfer sind unter einem Jahr alt und der Großteil von ihnen stirbt von der Hand der eigenen Mutter. [3]

Auch viele meiner männlichen Patienten – geachtete Stützen der Gesellschaft, denen nichts ferner liegt, als ihre negativen Gedanken in die Tat umzusetzen –, werden die Angst nicht los, eines Tages «auszurasten» und etwas Furchtbares zu tun, beispielsweise Amok zu laufen. Dies bringt mich zu der Kernfrage dieses Kapitels: «Wie kann ich sicher sein, dass das alles nur Gedanken sind?»

Unsicherheit über negative Gedanken: eine Fallstudie

Herr F. war ein junger Mann Mitte Zwanzig, der an meiner Gesprächsgruppe teilnahm. Sein Fall zeigt sehr deutlich, mit welch quälenden Zweifeln eine Zwangsstörung verbunden sein kann. So sehr er sich auch bemühte, er schaffte es einfach nicht, ausreichende Sicherheit darüber zu gewinnen, dass er nicht eines Tages doch seine gewalttätigen Vorstellungen in die Tat umsetzen und zum Mörder werden würde. Als er sich meiner Gruppe für Menschen mit Zwangsgedanken anschloss, war er bereits von einem meiner Kollegen behandelt worden und hatte beträchtliche Fortschritte gemacht. Herr F. litt unter der Vorstellung, er könne mit einem Messer auf jemanden losgehen, weswegen er den Umgang mit Messern und anderen scharfen Gegenständen möglichst vermied. Herr F. kam aus einer sehr religiösen Familie und ihm war beigebracht worden – oder zumindest hatte er dies so verinnerlicht –, dass er *niemals* Wut oder Ärger zum Ausdruck bringen dürfe.

Seine Zwangsgedanken waren einige Jahre zuvor erstmals aufgetaucht. Immer wieder kam ihm der Gedanke, er könne plötzlich mit einem Messer auf ein Familienmitglied einstechen. Wie die meisten meiner Patienten mit negativen Gedanken, die streng christlich erzogen wurden, befürchtete auch er, dass es schon eine unverzeihliche Sünde sei, solche Dinge nur zu *denken.* Glücklicherweise ging es ihm dank einer Verhaltenstherapie, bei der er beispielsweise Messer in die Hand nahm oder Videobänder anschaute, auf denen er seine Ängste mit eigenen Worten beschrieb, bereits deutlich besser. Er war wieder arbeitsfähig und wurde nur hin und wieder von negativen Gedanken heimgesucht.

Dennoch versuchte Herr F. weiter, völlige Sicherheit darüber zu erlangen, dass er nicht eines Tages doch zum Killer wurde. Ein Teil seiner Behandlung hatte darin bestanden, sich so oft einen Film über das Leben eines bekannten Massenmörders anzuschauen, bis er ihn nicht mehr ängstigte, sondern nur noch langweilte. Als Zwangspatient, der dazu neigte, alles schwarz oder weiß zu sehen, sowie einem großen Perfektionismus frönte und extrem gewissenhaft war, ging er ausgesprochen streng mit sich selbst um und bestand darauf, dass er irgendwoher die Garantie bekommen müsse, nicht doch eines Tages durchzudrehen und seine Gedanken in die Tat umzusetzen. Irgendwann sagte er mir, dass er nun befürchte, möglicherweise *zu wenig* Angst zu haben. Womöglich hieße das, dass er ein gewissenloser Psychopath sei und doch noch ein gemeingefährlicher Verbrecher aus ihm werden würde!

Als andere Gruppenmitglieder Herrn F. daran erinnerten, dass sich niemand – ob er nun unter negativen Gedanken leide oder nicht – hundertprozentig sicher sein könne, derartige Dinge *niemals* zu tun, stimmte Herr F. zu. Es leuchtete ihm ein und solange er im Behandlungszentrum war, konnte er sich damit zufrieden geben. Wenn er jedoch allein war, hatte er oft das Gefühl, es ohne vollkommene Gewissheit nicht auszuhalten.

Möglicherweise wird Herr F. mit Hilfe der kognitiven Therapie – auf die wir an anderer Stelle noch näher eingehen werden – eines Tages aufhören, nach hundertprozentiger Sicherheit zu streben. Bis dahin wird er weiter an sich arbeiten, wird lernen, seinem Ärger angemessen Ausdruck zu verleihen, und nach vielen Jahren endlich wieder anfangen, sein Leben zu leben.

Mit meinen Patienten über das Thema Sicherheit zu sprechen ist eine ziemlich heikle Angelegenheit. Auf der einen Seite würden die meisten von ihnen alles dafür tun, um sich absolute Sicherheit darüber zu verschaffen, dass sie ihre negativen Gedanken niemals in die Tat umsetzen werden, und erleben schon den Hauch eines Zweifels als sehr quälend. Damit stehen sie jedoch von vornherein auf verlorenem Posten, da nichts auf dieser Welt absolut sicher ist. Noch nicht einmal dafür, dass die Sonne morgen früh wieder aufgehen wird, gibt es eine hundertprozentige Garantie, und erst recht nicht dafür, dass ich nicht doch eines Tages zum Mörder werde. Da ich aber weiß, dass die Wahrscheinlichkeit dafür minimal ist, kann ich ganz gut damit leben.

Bei Patienten wie Herrn I., der die Sorge hat, er könne sich durch Tiere sexuell angezogen fühlen, und Frau M., die befürchtet, sie könne sich an ihrem Sohn vergehen, führt das Streben nach absoluter Sicherheit dazu, dass sie ihre körperlichen Reaktionen überwachen, um sich selbst zu beweisen, dass sie nicht erregt sind. Beide haben mir erzählt, dass sie oft in sich hineinhorchen und überprüfen, ob sie möglicherweise erregt sind bzw. ein gewisses «Kribbeln» spüren. Anstatt sich zu beruhigen, steigern sie ihre Angst damit noch. Sie übersehen nämlich, dass wir, sobald wir uns auf einen bestimmten Körperteil konzentrieren, in diesem Gefühle erzeugen – allein durch die Aufmerksamkeit, die wir auf ihn richten. Probieren Sie es einmal aus: Konzentrieren Sie sich ein paar Sekunden auf Ihren Unterleib und versuchen Sie sich davon zu überzeugen, dass sie dort *absolut nichts* spüren. Damit sollte klar geworden sein, dass ein zentrales Element einer erfolgreichen Behandlung von Menschen, die unter solchen negativen Gedanken leiden wie Herr I. und Frau M., darin besteht, sie davon abzubringen, ständig ihre Körperreaktionen zu überprüfen, da dies ihre Gewissheit noch schmälert und die Angst größer werden lässt, sie könnten ihre Impulse wirklich in die Tat umsetzen wollen.

Auf die häufig gestellte Frage: «Wie kann ich mir absolut sicher sein, dass ich meine Gedanken niemals in die Tat umsetzen werde?», habe ich eine einfache Antwort: *Gar nicht.* Es gibt keine absolute Sicherheit und tatsächlich ist es oft der Versuch, sich hundertprozentige Gewissheit zu verschaffen, der Menschen, die unter aggressiven, sexuellen oder blasphemischen negativen Gedanken leiden, das Leben so schwer macht. Es ist kein Zufall, dass die Zwangsstörung im Französischen als «Zweifelkrankheit» bezeichnet wird, da der Zweifel das wesentliche Element des Teufelskreises darstellt, in dem meine Patienten in ihrem vergeblichen Bemühen, absolute Sicherheit zu erreichen, gefangen sind.

Haben alle Menschen, die unter aufdringlichen Gedanken aggressiven, sexuellen oder blasphemischen Inhalts leiden, eine Zwangsstörung? Aus fachlicher Sicht ist diese Frage mit Ja zu beantworten. Den Diagnoserichtlinien des Amerikanischen Psychiaterverbands zufolge, hat jeder, bei dem die von mir beschriebenen negativen Gedanken häufig auftauchen oder der durch sie in seiner Lebensführung beeinträchtigt wird, eine Zwangsstörung (siehe Tabelle 3, S. 57).

Auf der Grundlage dieser klaren Definition können wir nun eine weitere Schätzung des Verbreitungsgrads negativer Gedanken vornehmen. In fast allen untersuchten Gesellschaften lag die Vorkommenshäufigkeit der Zwangsstörung bei mindestens zwei Prozent der allgemeinen Bevölkerung. Die bei den epidemiologischen Studien identifizierten Betroffenen geben – anders als die Patienten, die zu uns in die Behandlung kommen – zu einem großen Teil an, *ausschließlich unter Zwangsgedanken* zu leiden. Wir können somit davon ausgehen, dass – vorsichtig geschätzt – etwa ein Prozent der Bevölkerung mit Zwangsgedanken zu kämpfen hat. Dies bedeutet, dass Millionen von Menschen betroffen sind.

Tabelle 3
Merkmale der Zwangsstörung

Zwangsgedanken oder Zwangshandlungen, die sehr belastend sind, mehr als eine Stunde täglich auftreten oder die Person im Beruf, in der Ausbildung oder im Privatleben beeinträchtigen.

Zwangsgedanken sind:
- aufdringliche und unangenehme Gedanken, Impulse oder Vorstellungen, bei denen es sich nicht nur um übertriebene Sorgen bezüglich realer Lebensumstände handelt.
- Beispiele:
  - aggressive Zwangsgedanken
  - sexuelle Zwangsgedanken
  - blasphemische Zwangsgedanken
  - zwanghaftes Zweifeln
  - zwanghafte Furcht vor Keimen, Giften etc.
  - zwanghaftes Bemühen um Symmetrie
  - zwanghafter Perfektionismus

Zwangshandlungen sind:
- Handlungen, zu denen sich der Betreffende immer wieder getrieben fühlt; dahinter stehen entweder Zwangsgedanken oder das Gefühl, ganz bestimmte, strenge Regeln einhalten zu müssen.
- Diese Handlungen werden ausgeführt, um eine innere Spannung abzubauen oder um zu verhindern, dass etwas Schlimmes passiert.
- Beispiele:
  - waschen
  - kontrollieren
  - wiederholen
  - beten
  - berühren
  - zählen
  - sammeln bzw. Horten von Dingen
  - auf- oder umräumen
  - um Bestätigung bitten

Leicht verändert übernommen aus American Psychiatric Association/Saß et al. (1996). *Diagnostisches und statistisches Manual psychischer Störungen – DSM-IV.* Göttingen: Hogrefe.

Zwar ist der Dämon der Infamie so geschickt, seine böse Saat da auszustreuen, wo sie niemals vollständig ausgemerzt werden kann, jedoch erörtere ich zu Beginn jeder Behandlung (ohne das Thema allzu sehr auszuwalzen) mit meinen Patienten einige Punkte, die dafür sprechen, dass ihre Sorge, sie könnten jemals ihre negativen Gedanken in die Tat umsetzen, unbegründet ist. Die Wahrscheinlichkeit, dass dies passieren könnte, ist so gering, dass es sich nicht lohnt, sich darüber den Kopf zu zerbrechen. Insbesondere bespreche ich mit ihnen die entscheidenden Unterschiede zwischen ihnen, die lästige, aber harmlose negative Gedanken haben, und den Menschen, von deren fürchterlichen Verbrechen sie in der Zeitung gelesen haben.

Beispielsweise weise ich sie darauf hin, dass sie ja auch bisher ihre Gedanken und Impulse niemals in die Tat umgesetzt haben und dass dies ein ziemlich sicheres Indiz dafür ist, dass dies auch in Zukunft nicht passieren wird. Eines der unangezweifelten Grundprinzipien sowohl der Psychologie als auch der Kriminologie besagt, dass vergangenes Verhalten auf zukünftiges Verhalten schließen lässt.[4] Und auch die Tatsache, dass sie Schuldgefühle entwickeln und unter ihren negativen Gedanken leiden, ist ein sicheres Anzeichen dafür, dass sie diese Gedanken niemals in die Tat umsetzen werden.

Auf der anderen Seite bin ich, wie bereits am Anfang des Kapitels gesagt, nicht so naiv zu glauben, es sei völlig ausgeschlossen, dass jemand, der zu mir kommt, irgendwann einmal ein Verbrechen begeht. Deshalb achte ich auch immer auf mögliche Anzeichen, die dafür sprechen könnten, dass von einem Patienten tatsächlich eine Gefahr ausgeht.

Warnsignale

Wie ich bereits geschrieben habe, berichten mir viele Patienten davon, dass sie den Gedanken haben, ihren Kindern oder ihrem Partner etwas anzutun. Dennoch unternehme ich nichts, um zu verhindern, dass dies geschieht. Ich glaube also nicht, dass sie irgendwann ihre Gedanken in die Tat umsetzen und dadurch eine Gefahr für andere darstellen. Heißt das, dass ich dies immer und für alle Patienten ausschließe? Keineswegs.

Von den Tausenden von Patienten, die in den letzten 15 Jahren in unser Zentrum gekommen sind, haben mir nur eine Handvoll ernsthaft Sorgen bereitet. Ein Beispiel: Eines Tages überwies mir ein Psychiater aus einer anderen Stadt einen jungen Mann, der aggressive Gedanken hatte und sich bei uns einer Verhaltenstherapie unterziehen sollte. Als ich den Mann zum ersten Mal sah und mit ihm über seine Gedanken sprach, beschlich mich jedoch bald ein ungutes Gefühl. Ich versuchte mich selbst zu beruhigen und stellte ihm viele ausführliche Fragen, um zu entscheiden, ob eine Verhaltenstherapie mit Konfrontationsbehandlung für ihn das Richtige wäre. Seine Antworten auf meine Fragen verstärkten meine Besorgnis noch. Er erzählte mir, dass er sich gerne Auftritte von bekannten Persönlichkeiten wie dem Präsidenten oder dem Papst im Fernsehen ansah und sich dabei vorstellte, unter den Zuschauern zu stehen und auf die betreffende Person zu schießen! Während er diese Erfahrungen schilderte, wurde ich das Gefühl nicht los, dass er diese Vorstellung gar nicht besonders abscheulich fand. Er berichtete mir auch von Fantasien, in denen er seine Eltern mit einem Messer oder einer Schusswaffe attackierte. Manchmal testete er sich selbst, wie er sagte, ging ins Schlafzimmer und richtete ein Gewehr auf die schlafenden Eltern – angeblich, um sich zu beweisen, dass er nicht abdrücken würde. Am Ende unseres Gesprächs sagte ich ihm, dass eine Verhaltenstherapie bei seinem Problem nicht das Richtige wäre, und dass ich ihn für weitere Untersuchungen zu seinem Arzt zurückschicken würde. Noch am gleichen Tag rief ich den überweisenden Psychiater an und teilte ihm mit, dass ich das Gefühl hätte, dieser Patient könne möglicherweise gefährlich sein. Ich empfahl, ihn an seinem Heimatort ausführlich mit projektiven psychologischen Tests zu untersuchen, um zu sehen, ob bei dem Patienten möglicherweise eine psychotische Störung oder eine Neigung zu gewalttätigen Handlungen bestand.

Was hat mich so beunruhigt an diesem jungen Mann? Zum einen war es die Tatsache, dass ihn seine aggressiven Gedanken nicht besonders belasteten oder ihm Schuldgefühle bereiteten. Zum anderen war ein großer Hass bei ihm zu spüren, wenn er über Dinge sprach, die ihm seine Eltern oder andere Menschen aus seinem Ort angeblich angetan hatten. Hinzu kam, dass er tatsächlich ein Gewehr in die Hand genommen und auf Menschen gerichtet hatte, die in seinen negativen Gedanken vorkamen. Rückblickend denke ich, dass all diese Faktoren zusammen mich zu der Sorge veranlassten, er könne möglicherweise gefährlich sein und ein sehr viel ernsteres Problem als eine Zwangsstörung haben.

Zur Zeit kommen neue Erkenntnisse über die Jugendlichen ans Licht, die vor einiger Zeit in Colorado bis unter die Zähne bewaffnet ihre eigene Schule überfallen und das Feuer auf ihre Mitschüler eröffnet haben. Aus Aufnahmen, die während der Planung des Überfalls gemacht wurden, wird ersichtlich, dass es sich um junge Menschen voller Hass und Wut gehandelt hatte, die sich von ihren Mitschülern schlecht behandelt fühlten und nun auf Rache sannen. Eine blinde Wut, der Wunsch, es den verhassten Klassenkameraden heimzuzahlen, und die leichte Zugänglichkeit von Feuerwaffen: Das waren die Bestandteile des tödlichen Cocktails, der zur Katastrophe führte.

Die Patienten, die wegen aggressiver oder sexueller Zwangsgedanken zu mir kommen, geben ein völlig anderes Bild ab. Bei ihnen handelt es sich um äußerst gewissenhafte Menschen, die sich Tag für Tag mit ihren negativen Gedanken herumquälen – Gedanken, die starke Schuldgefühle in ihnen auslösen und deretwegen sie sich schlecht und verkommen fühlen.

Ich sage diesen Patienten, dass sie, *gerade weil* sie sich wegen dieser Gedanken so schämen und schuldig fühlen, darauf vertrauen können, dass sie sie niemals in die Tat umsetzen werden. Meistens sind sie jedoch nicht so leicht zu beruhigen. Sie fragen: «Woher weiß ich, dass ich nicht eines Tages doch ausraste und so schlimme Dinge tue wie die Schüler aus Colorado oder die Frau, die ihre beiden Kinder ertränkt hat.» Und meine Antwort darauf ist, dass in den Menschen, die so etwas tun, genau das Gegenteil von dem vorgeht, was sich in ihnen, den Patienten, abspielt.

In der Geschichte der großen Gewaltverbrechen überwiegen Täter, die mal Soziopathen, mal Psychopathen und mal einfach kaltblütige Mörder genannt werden, womit gemeint ist, dass sie keine Schuld- oder Reuegefühle angesichts ihres antisozialen bzw. kriminellen Verhaltens empfinden. Selbst wenn sie an einen Lügendetektor angeschlossen werden und fürchterliche Taten beschreiben oder Lügen erzählen, zeigen sie kaum physiologische Reaktionen. Kurz: Auch die grausamsten Taten, die sie begehen, verursachen ihnen keine Schuld- oder Reuegefühle. Solche Menschen erfüllen als Erwachsene in der Regel die Diagnosekriterien einer Antisozialen Persönlichkeitsstörung und, wenn sie noch keine 18 Jahre alt sind, die einer Verhaltensstörung. Die Merkmale dieser Störungen sind in Tabelle 4 aufgeführt.

Tabelle 4
Merkmale der Verhaltensstörung bei Kindern und der Antisozialen Persönlichkeitsstörung bei Erwachsenen

---

Verhaltensstörung (bis 14 Jahre):

- *ist gewalttätig oder grausam zu Menschen oder Tieren*
  - schikaniert oder bedroht andere
  - sucht ständig Streit
  - benutzt Waffen (Schläger, Gewehre, Flaschen, Steine, Messer)
  - raubt
  - zwingt andere zu sexueller Betätigung
- *zerstört Gegenstände*
  - legt Feuer
  - zerstört mit Absicht das Eigentum anderer
- *lügt oder stiehlt*
  - bricht in Häuser ein, bricht Autos auf
  - belügt oder betrügt andere
  - begeht Ladendiebstähle oder Fälschungen
- *verstößt massiv gegen elterliche Vorschriften*
  - bleibt über Nacht weg
  - läuft mehr als einmal von zu Hause weg
  - schwänzt oft die Schule

Antisoziale Persönlichkeitsstörung (ab 15 Jahren):

- begeht häufig Gesetzesverstöße, die zu Verhaftungen führen können
- lügt, betrügt andere oder benutzt falsche Namen
- handelt impulsiv und plant nicht voraus
- wird oft in Schlägereien verwickelt oder greift andere an
- ist oft waghalsig und bringt sich oder andere in Gefahr
- ist unzuverlässig – zahlt Rechnungen nicht, verliert immer wieder die Arbeitsstelle
- kennt keine Reue, hat keine Schuldgefühle, findet Ausflüchte für Handlungen, die anderen geschadet haben

---

Diese Menschen sind das krasse Gegenteil von meinen Patienten mit negativen Gedanken, bei denen die Stimme des Gewissens sehr stark ist und die unter großen Schuldgefühlen leiden, wenn sie derartige Gedanken haben. Bei vielen Patienten mit negativen Gedanken ließe sich eine Zwanghafte Persönlichkeitsstörung diagnostizieren (die sich, wie Tabelle 5 zu entnehmen ist, unter anderem durch ein Übermaß an Skrupeln und Gewissenhaftigkeit auszeichnet).

Tabelle 5
Merkmale der Zwanghaften Persönlichkeitsstörung

- übertrieben gewissenhaft und sehr wenig flexibel in Bezug auf moralische und ethische Fragen
- konzentriert sich sehr auf Details oder Einzelvorschriften (sieht den Wald vor lauter Bäumen nicht)
- steht sich mit seinen überzogenen Ansprüchen oft selbst im Weg
- räumt der Arbeit einen zu hohen Stellenwert ein
- hat Schwierigkeiten, wertlose Dinge wegzuwerfen
- besteht darauf, dass andere alles genau so machen wie er, und duldet keine Abweichung
- kann nicht großzügig sein
- engstirnig und stur

Leicht verändert übernommen aus American Psychiatric Association/Saß & Henning (1996). *Diagnostisches und statistisches Manual psychischer Störungen – DSM-IV.* Göttingen: Hogrefe.

Die Schuldgefühle und inneren Spannungen, unter denen die Betroffenen leiden, entstehen dadurch, dass ein Teil des Gehirns (der so genannte präfrontale Kortex) sehr fleißig seine Arbeit tut – und diese Arbeit besteht darin, die negativen Gedanken zu unterdrücken. Vor kurzem habe ich mich mal bei meinem Kollegen Dr. Cary Savage, einem Experten für die neuropsychologischen Aspekte der Zwangsstörung, danach erkundigt, was er einem Patienten sagen würde, der die Sorge hat, er könne seine Impulse eines Tages in die Tat umsetzten. «Er kann ganz beruhigt sein: Die Tatsache, dass er unter den negativen Gedanken leidet und Schuldgefühle hat, zeigt, dass bei ihm der orbitofrontale Kortex fleißig seine Arbeit tut,» antwortete er mir. «Er hemmt die unerwünschten Gedanken und Impulse, so dass der Patient davon ausgehen kann, dass er sie nicht ausagieren wird.»

Es gibt also einen riesengroßen Unterschied zwischen meinen Patienten, die wegen ihrer aggressiven oder sexuellen Gedanken unter starken Schuld- und Schamgefühlen leiden, und Menschen, die kaltblütig Verbrechen begehen und weder Schuldgefühle haben noch

Reue empfinden. Denken wir beispielsweise an Frau S. zurück, meine Patientin, der Sie bereits im Vorwort begegnet sind. Sie quälte sich mit der Vorstellung herum, dass sie «ausrasten» und ihrem kleinen Baby etwas antun könnte. Dass sie diese Vorstellung hatte, machte ihr starke Schuldgefühle. Setzen wir das Verhalten der Kindermörderin Susan Smith dagegen, die ihre beiden Jungen auf ihren Sitzen festband und dann ohne mit der Wimper zu zucken zusah, wie der Wagen das Ufer hinunterrollte, wie die beiden verzweifelt versuchten, sich zu befreien, und wie der Wagen schließlich im Wasser versank. Sie war so kaltblütig und hatte so wenig Schuldgefühle, dass sie bereits ein paar Stunden später in der Lage war, vor laufenden Kameras überzeugend Lügen zu verbreiten. Ein Schwarzer habe ihre geliebten Kinder entführt und die Zuschauer sollten ihr doch bitte dabei helfen, sie zurückzubekommen.

Ganz ähnlich war es bei Jeffrey Dahmer: Zu Beginn seiner fürchterlichen Karriere log er einem Richter und der Jury überzeugend vor, dass er nichts Schlimmes getan habe außer ein bisschen zu tief ins Glas zu schauen. In Wirklichkeit hatte er bereits mehrere Menschenleben auf dem Gewissen. Diese Kaltblütigkeit, das Fehlen von Schuldgefühlen und die Fähigkeit, andere vollkommen hinters Licht zu führen, stehen im klaren Gegensatz zu meinen Patienten. Sie fühlen sich allein schon wegen ihrer Gedanken furchtbar schlecht und schuldig – und gestehen manchmal Verbrechen, ohne sie begangen zu haben.

Herr S. beispielsweise litt entsetzlich unter der Vorstellung, er könne einen Fußgänger überfahren. Dieser Gedanke verursachte ihm so starke Schuld- und Schamgefühle, dass er kaum noch Auto fuhr. Wenn er es doch einmal wagte, konnte bereits ein Schlagloch oder eine unebene Stelle auf der Straße seine negativen Gedanken in Gang setzen. Manchmal wurden diese Gedanken so stark, dass er in den Rückspiegel blickte und tatsächlich einen Fußgänger auf der Straße liegen «sah». Wenn dies passierte, drehte er um und fuhr mehrfach die entsprechende Strecke ab. Er konnte dann zwar nichts mehr sehen, hatte aber immer noch seine Zweifel, ob auch wirklich nichts passiert war. Zu Hause angekommen, schaltete er sofort Radio und Fernseher ein und wartete darauf, dass über den Verkehrsunfall mit Fahrerflucht berichtet würde, den er meinte verursacht zu haben. Einmal wurden seine Schuldgefühle so stark, dass er schließlich die Polizei anrief, um ein Verbrechen zu gestehen, das er nie begangen hatte.

Wer vergreift sich an einem Baby?

Gibt es irgendwelche Anhaltspunkte, die uns sagen, ob eine Frau tatsächlich in der Lage wäre, ihrem Kind etwas anzutun? Ja, es gibt gewisse Anzeichen. Bei einem kleinen Teil der Frauen, die unter Wochenbettdepressionen leiden, weitet sich das Bild zu einer sehr viel schlimmeren Störung aus, nämlich zu einer Wochenbettpsychose. Zwar weiß ich nichts Genaueres über den Fall der Frau, die ihr Baby dadurch tötete, dass sie es in den Mikrowellenherd steckt, aber ich nehme stark an, dass sie unter einer Wochenbettpsychose litt. Frauen, die von dieser Störung betroffen sind, verlieren den Kontakt zur Realität. Eine Mutter «sah» beispielsweise, wie dem Säugling gelber Rauch aus den Nasenlöchern und den Ohren stieg. Für sie bestand kein Zweifel: Das Kind musste vom Teufel besessen sein. Angesichts dieser Bedrohung sah sie keinen anderen Ausweg, als das Kind in die Mülltone zu stecken und es dort seinem Schicksal zu überlassen. Zum Glück kam ihr Ehemann früher als sonst von der Arbeit nach Hause, hörte das Baby in der Mülltonne schreien und rettete es. Die Mutter kam daraufhin ins Krankenhaus, wo eine Wochenbettpsychose festgestellt wurde, die erfolgreich behandelt werden konnte.

Wann negative Gedanken gefährlich sind

Im Folgenden werden einige Situationen beschrieben, in denen negative Gedanken Anlass zur Sorge geben sollten. Wenn die genannten Umstände auf Sie zutreffen, sollten Sie sich baldmöglichst in professionelle Behandlung begeben. Glücklicherweise ist dies nur bei einem verschwindend geringen Teil der Leute mit negativen Gedanken der Fall.

Wenn Sie nicht unter Ihren Gedanken leiden, sondern Sie im Gegenteil angenehm finden. Weiter oben habe ich von einem Mann berichtet, der sich Ansprachen des Präsidenten oder des Papstes im Fernsehen ansah und dabei überlegte, von wo aus er den Sprecher am besten erschießen konnte. Er beschrieb mir diese Gedanken als relativ angenehm und es war ihm nicht anzumerken, dass er irgendwelche Schuldgefühle ihretwegen hatte. Wenn auch Sie keinerlei Schuldgefühle oder innere Spannungen angesichts Ihrer negativen Gedanken empfinden, sollten Sie sich an einen Spezialisten (beispielsweise einen Psychologen oder Psychiater) wenden, um sicherzustellen, dass sie nicht eines Tages dazu übergehen, ihre negativen Gedanken in die Tat umzusetzen.

Wenn Sie jemals ihre zwanghaften aggressiven oder sexuellen Gedanken oder Impulse in die Tat umgesetzt haben – entweder in nüchternem Zustand oder unter dem Einfluss von Alkohol oder Drogen. Einige meiner Patienten sind wegen aggressiver oder sexueller Übergriffe, die sie unter dem Einfluss von Drogen oder Alkohol begangen haben, mit dem Gesetz in Konflikt gekommen. Wenn so jemand unter negativen Gedanken leidet, ist es äußerst wichtig, dass er mit Hilfe einer geeigneten Behandlung lernt, einen großen Bogen um die Substanzen zu machen, die ihn solche Dinge tun lassen. Wie ich bereits sagte: Vergangenes Verhalten lässt auf zukünftiges Verhalten schließen. Wenn Sie mal zurückblicken und feststellen müssen, dass Sie sich in der Vergangenheit gewalttätiges oder sexuelles Fehlverhalten gegenüber Menschen oder Tieren zu Schulden haben kommen lassen, dann sollten Sie Ihre negativen Gedanken ernst nehmen. Möglicherweise sind Sie nicht in der Lage, Ihre Impulse angemessen zu zügeln, wie dies die meisten Menschen können (man spricht dann von einer Störung der Impulskontrolle), und Sie brauchen eine Therapie, um genau dies zu lernen.

Wenn Sie Stimmen hören, glauben, dass alle gegen Sie sind, oder Dinge sehen, die andere nicht sehen. Wie Sie an dem Beispiel der jungen Mutter gesehen haben, die an einer Wochenbettpsychose litt, können Halluzinationen gefährlich sein, da die Wirklichkeit dann anders wahrgenommen wird, als sie ist. Sollte dies bei Ihnen der Fall sein, setzen Sie sich bitte so schnell wie möglich mit einem Fachmann oder einer Fachfrau in Verbindung. Es gibt heute Medikamente, mit denen man diese Probleme relativ schnell in den Griff bekommen kann und die nur schwache Nebenwirkungen haben.

Wenn Sie starke Wut und Ärger empfinden und es Ihnen schwer fällt, Ihre aggressiven Impulse zu beherrschen. Die oben erwähnten Schüler, die in ihrer eigenen Schule Amok liefen, sind ein Beispiel für diese Problematik. Wenn Sie massiven Ärger auf eine bestimmte Person oder eine Gruppe von Personen empfinden, sprechen Sie bitte mit einem Fachmann. Er kann Ihnen helfen, angemessene Formen zu finden, Ihrem Ärger Ausdruck zu verleihen.

Ich möchte dieses Kapitel nicht beenden, ohne noch einmal darauf hinzuweisen, dass die überwiegende Mehrheit der Menschen mit negativen Gedanken diese niemals in die Tat umsetzt.

Kapitel 4

Woher kommen die negativen Gedanken?

In der Wissenschaft lässt sich die Wahrheit als diejenige Arbeitshypothese definieren, die am besten geeignet ist, den Weg zu der nächsten besseren freizumachen.

Karl Lorenz (1903-1989)

Zwar kann niemand ganz genau sagen, warum Menschen negative Gedanken haben, es gibt jedoch eine Reihe von Theorien zu dieser Frage (von denen allerdings meiner Meinung nach keine an die Eleganz der Formulierungen von Edgar Allan Poe heranreicht). Diese Theorien schließen einander nicht aus, sondern ergänzen oder überlappen sich in weiten Teilen. Keine einzelne Theorie allein vermag es, das Phänomen in seiner Gesamtheit zu erklären. Da es, so weit wir wissen, negative Gedanken in allen Kulturen gibt und gegeben hat, können wir mit einiger Sicherheit sagen, dass sie in unserer genetischen Ausstattung verankert sind. Dies bringt uns zu den Erklärungen, die uns die Evolutionstheorie darüber anbietet, warum alle Menschen von Zeit zu Zeit negative Gedanken haben.

Warum gehören negative Gedanken zum Menschsein dazu?

Evolutionstheorie

Aus Sicht der Evolutionstheorie hat sich die Neigung, sexuelle und aggressive Gedanken und Impulse zu haben (und bei passender Gelegenheit auch in entsprechendes Verhalten umsetzen) im Laufe von

Tausenden von Jahren in uns Menschen herausgebildet und uns physisch und psychisch geprägt. Diese Prägung sichert Überleben und Fortpflanzung. Die Evolutionstheorie besagt beispielsweise, dass die Gene derjenigen unserer Vorfahren, die nur selten an die Möglichkeit sexueller Betätigung dachten, bald von den Genen derjenigen überrundet wurden, die relativ häufig an Sex dachten und die – der Theorie zufolge – in der Konsequenz mehr Nachkommen hatten.

Die Evolutionstheorie bietet eine ähnliche Erklärung dafür, warum männliche Personen in der Regel mehr aggressive Gedanken haben und sich häufiger aggressiv verhalten als weibliche. Unsere aggressiveren männlichen Vorfahren brachten es häufiger zum Führer ihrer Gruppe und hatten damit die Möglichkeit, mehr Frauen zu schwängern. Auf diese Weise konnten sie ihre Gene in größerer Zahl weitergeben als die friedfertigeren Männer.

Ähnliche – durchaus umstrittene – evolutionstheoretische Thesen wurden zur Erklärung von Vergewaltigung[1] und Kindesmord[2] aufgestellt, die beide einen wichtigen Einfluss darauf haben, wessen Gene im «evolutionären Genlotto» gewinnen und an die nächsten Generationen weitergegeben werden. Für den Fall der sexuellen Gewalt besagt diese Theorie, dass unsere männlichen Vorfahren, die Frauen vergewaltigten und damit schwanger machten, ihren Nachkommen über ihre Gene die Veranlagung weitergegeben haben, selbst zum Vergewaltiger zu werden. Was den Kindesmord angeht, so haben Studien in den USA und Kanada den traurigen Verdacht erhärtet, dass Stiefeltern, die keine gemeinsamen Gene mit den ihnen anvertrauten Kindern haben, sehr viel häufiger ihre Kinder umbringen als biologische Eltern[3] (möglicherweise ist das der Grund, warum in alten Märchen, die wir auch heute noch unseren Kindern erzählen, so viele «böse» Stiefmütter und Stiefväter vorkommen). Die evolutionstheoretische Erklärung für diese scheinbar sinnlosen Gewalttaten besteht darin, dass unsere männlichen Vorfahren ihre wertvolle Nahrung und andere Ressourcen nur den eigenen biologischen Kindern zugute kommen lassen wollten, anstatt für das Überleben der Nachkommen ihrer männlichen Konkurrenten – und damit deren Gene – zu sorgen. Ähnliche Phänomene sind bei anderen Primaten festgestellt worden. Mindestens ein Autor sah in der fürchterlichen Tat von Susan Smith auch so etwas wie den Widerhall uralter Einflüsse aus der Evolution: «Ihr Fall ist typisch. Schwanger mit neunzehn, überstürzte Heirat. Mit 23 war sie ihrem Mann entfremdet ... Trotz staatlicher Unterstützung war sie hoffnungslos verschuldet, und ein gut situierter Geliebter wollte ihrer Kinder wegen nichts mehr von ihr wissen.»[4]

Die Evolutionstheorie liefert auch eine mögliche Erklärung dafür, warum Mütter von Neugeborenen die Sorge haben, sie könnten ihrem Baby etwas antun. In ihrem Artikel über aggressive Gedanken bei Frauen mit Wochenbettdepressionen schrieb Katherine Wisner: *Je mehr aggressive Gedanken die Frauen hatten in Bezug auf schlimme Dinge, die ihrem Baby zustoßen konnten, umso intensiver sahen sie nach ihrem Kind, um sicherzugehen, dass mit ihm alles in Ordnung war.* Diese Beobachtung veranlasste Wisner zu der Vermutung, dass derartige Gedanken möglicherweise in der Evolution einen Selektionsvorteil darstellten, da sie die Mütter aufmerksamer für die realen Gefahren machten, die auf den Säugling lauerten. Damit hatte dieser eine bessere Überlebenschance und konnte die «Aufpass-Gene» der Mutter an die nächste Generation weitergeben.

Nach Wisner lässt sich also die Neigung von Müttern, Zwangsgedanken zu entwickeln, die sich darum drehen, dass sie ihrem neugeborenen Baby etwas antun könnten, mit Hilfe der Evolutionstheorie erklären. Demzufolge wäre es möglich, dass in der frühen Menschheitsgeschichte diejenigen Mütter, die besonders intensiv auf ihre Neugeborenen aufpassten – möglicherweise weil sie aufgrund von hirnchemischen Faktoren dazu neigten, Zwangsgedanken in Bezug auf mögliche Gefahren für ihr Baby zu entwickeln und mehr auf seine Sicherheit zu achten –, damit die Chancen erhöhten, dass ihr Kind das Erwachsenenalter erreichte und ihre Gene an zukünftige Generationen weitergab. Auch wenn diese evolutionstheoretische Hypothese recht spekulativ ist – keinen Zweifel hat Wisner daran, dass die quälenden aggressiven und sexuellen Zwangsgedanken – unabhängig davon, wie sie ursprünglich entstanden sind – etwas mit den hirnchemischen Vorgängen der Mutterschaft zu tun haben, die bei einigen Frauen anscheinend etwas «aus den Fugen geraten».[5]

Die aggressiven und sexuellen Impulse, die der Evolutionstheorie zufolge durch Auslesevorgänge zu einem Teil der menschlichen Natur geworden sind, stehen unter der Kontrolle der älteren Bereiche unseres Gehirns – Bereiche, die wir mit anderen Säugetieren gemein haben. Als die Menschen sich immer mehr in Gemeinschaften zusammenfanden – so die Theorie –, bauten ihre Gehirne Strukturen auf, die dazu dienten, grobe sexuelle und aggressive Gedanken und Impulse unter Kontrolle zu halten, sie zu «hemmen». Die wichtigste Funktion des beim Menschen sehr groß ausgefallenen orbitofrontalen Kortex (der Teil des Gehirns, der oberhalb unserer Augenhöhlen – lateinisch *orbita* – und hinter der Stirn liegt) besteht darin, zu entscheiden, ob Gedanken und Impulse, die in den tiefer liegenden Hirnarealen erzeugt werden, in die Tat umgesetzt werden sollen – oder besser nicht. (In der Mehrzahl der Fälle lautet die Entscheidung: Besser nicht!) Nach evolutionstheoretischer Auffassung kommen wir dabei mit unseren aggressiven und sexuellen Instinkten in Berührung, die durch die Jahrtausende von einer Generation an die nächste weitervererbt wurden.

An den Schluss dieses kurzen Überblicks über die evolutionstheoretische Erklärung der negativen Gedanken möchte ich meine eigene Theorie setzen, der zufolge die negativen Gedanken meiner Patienten darauf zurückzuführen sind, dass sie entweder nicht akzeptieren können, dass solche Impulse und Gedanken zum Menschsein dazugehören, oder dass sie befürchten, ihr orbitofrontaler Kortex könnte es nicht schaffen, diese Gedanken und Impulse in die Schranken zu weisen. Ein Beispiel für den ersten Fall ist Herr I., der Mann, der befürchtete, er könne sich an Tieren vergehen. Herr I. machte so lange keine Fortschritte, bis er einsah, dass es sich bei seinen Gedanken um unbedeutende Zufallsprodukte seines Gehirns handelte, wie sie bei jedem von Zeit zu Zeit vorkommen, und nicht um den Beweis dafür, dass er pervers war und es nicht verdiente, Teil der menschlichen Gesellschaft zu sein. Damit einher ging die Erkenntnis, dass die negativen Gedanken selbst gar nicht sein größtes Problem darstellten, sondern vielmehr seine unangemessenen Reaktionen auf diese Gedanken.

Frau K., die Mutter mit den Zwangsgedanken, die um die Vorstellung kreisten, sie könne ihre Kinder im Schlaf erstechen, ist ein Beispiel für den zweiten Fall. Sie macht keine Fortschritte und kann sich nicht richtig auf die Behandlung einlassen, weil sie nach wie vor davon überzeugt ist, dass sie eines Tages ihre Impulse in die Tat umsetzen wird. Solange sie ihrem Gehirn nicht zutraut, ihre aggressiven Impulse zuverlässig zu unterdrücken, wird sie nicht viel weiter kommen.

Freud und der Dämon der Infamie

Aus der evolutionstheoretischen Sichtweise ergibt sich ein gewisser Widerspruch. Wie gesagt, geht die Evolutionstheorie davon aus, dass unser orbitofrontaler Kortex zum Teil jedenfalls deshalb immer größer wurde, weil er die sexuellen und aggressiven Verhaltensweisen unterdrücken musste, die für ein friedliches Zusammenleben mit anderen Menschen hinderlich sind. Es stellt sich die Frage, wieso es für unsere Vorfahren einen *entgegengesetzten* evolutionären Druck gegeben haben sollte, nämlich den, *sozial unangemessenes* Verhalten an den Tag zu legen? Warum kommt uns manchmal zur unpasssendsten Zeit der unpassendste Gedanke in den Kopf – beispielsweise ein gotteslästerlicher Gedanke, wenn wir gerade in der Kirche sind?

Möglicherweise reicht die evolutionstheoretische Perspektive nicht aus, um das Problem in allen seinen Aspekten zu begreifen. In seinem klassischen Werk *Totem und Tabu* wies Sigmund Freud darauf hin, dass Tabus unnötig wären, wenn niemand das *Bedürfnis* hätte, Dinge zu tun, die schädlich für die Gesellschaft sind. Ge- und Verbote wie «Du sollst nicht töten» oder «Du sollst nicht ehebrechen» wären beispielsweise überflüssig, wenn derartige Verfehlungen überhaupt nicht vorkämen.

Freud geht auf die Konflikte ein, mit denen wir zu kämpfen haben, wenn unsere sexuellen und gewalttätigen Gedanken und Impulse (biologische Überbleibsel der Vergangenheit unserer Gattung, die er als «Es» bezeichnete) auf die neueren, einengenden Regeln und Vorschriften einer streng reglementierten Gesellschaft prallen. Freuds Theorie besagt auch, dass wir in der Erziehung die sozialen Verbote unserer Kultur in unserem so genannten Überich verinnerlichen (mancher mag eine deutliche Parallele zwischen den oben beschriebenen Funktionen des orbitofrontalen Kortex und dem freudschen Überich sehen.)

Auf die Gefahr hin, Freud damit etwas in den Mund zu legen, was er so nicht gemeint hat, könnten wir sagen, dass der Dämon der Infamie seine Existenz diesem Zusammenprall von sozialen und biologischen Forderungen verdankt, also der Spannung zwischen unseren angeborenen sexuellen und aggressiven Impulsen und den uns von der Gesellschaft auferlegten Beschränkungen. An anderen Stellen seines Werkes zeigt Freud, dass dem Humor teilweise die Aufgabe zufällt, diese Spannung auf sichere und sozial akzeptierte Weise abzubauen – man denke an die immer wieder beliebten sexuell gefärbten Witze oder an die «harmlosen» aggressiven Scherze über Einzelne und bestimmte Gruppen.

Das Unterdrücken von Gedanken

So interessant die evolutionstheoretischen und freudschen Thesen auch sein mögen – sowohl die einen als auch die anderen sind in letzter Konsequenz nicht überprüfbar. Ihr Nutzen besteht in erster Linie darin, unser Denken darüber anzuregen, woher negative Gedanken eigentlich kommen. Eine neuere Theorie, die von Daniel Wegner aufgestellt wurde, hat den Vorteil, dass man sie mit Experimenten überprüfen kann. Außerdem lässt sich aus ihr ein Behandlungsansatz zum Abbau negativer Gedanken ableiten.

Im Vorwort zu seinem hervorragenden Buch *Die Spirale im Kopf* erklärt Wegner, wieso er seinem Werk, das im Original unter dem Titel *White Bears and other unwanted thoughts* (Weiße Bären und andere unerwünschte Gedanken) erschienen ist, diesen Titel gegeben hat.

> Angesichts des Titels könnte man denken, es ginge in diesem Buch um weiße Bären. Und in bestimmter Weise tut es das auch, obwohl das eigentliche Thema des Buches ungewollte Gedanken sind und wie Menschen versuchen, diese in den Griff zu bekommen. Die weißen Bären stammen aus einer Geschichte über den jungen Tolstoi. Es heißt, dass er einmal von seinem Bruder dazu aufgefordert wurde, sich so lange in eine Ecke zu stellen, bis es ihm gelang, nicht mehr an einen weißen Bären zu denken. Natürlich stand er eine ganze Zeit lang in der Ecke und war angesichts der Unmöglichkeit dieser Aufgabe recht verwirrt. Klar ist: Wir scheinen nicht viel Kontrolle über unser Denken zu haben, vor allem nicht, wenn es darum geht, unerwünschte Gedanken zu unterdrücken.[6]

Stark vereinfacht besagt Wegners Theorie, dass immer dann, wenn wir versuchen, einen bestimmten Gedanken *nicht* zu denken, dieser Gedanke paradoxerweise an Stärke gewinnt. Wir sind nicht nur unfähig, einen Gedanken zu unterdrücken, sondern durch unseren Versuch, dies zu tun, erreichen wir genau das Gegenteil: Es kommt zu einem Rückschlag-Effekt *(rebound)* in der Form, dass der Gedanke, unmittelbar nachdem wir aufgehört haben, ihn zu unterdrücken, *besonders häufig* auftritt.

Wie Freud hervorgehoben hat, sind sexuelle und aggressive Gedanken, in denen die Gesellschaft eine Gefahr für ihre Ordnung sieht, sozial unerwünscht, tabu. Aufgrund dieser gesellschaftlichen Tabus, die in Familien, Schulen und Kirchen vermittelt werden, lernen wir, Wegner zufolge, unsere Gedanken sorgfältig zu überwachen und – sobald wir einen unangemessen Gedanken wahrnehmen – ihn gleich zu unterdrücken. Damit machen wir uns jedoch, wie Wegner weiter sagt, selbst das Leben schwer, denn es kommt ein Teufelskreis in Gang: Auf den Versuch, Gedanken zu unterdrücken, folgt ein verstärktes Auftreten dieser Gedanken (der Rückschlageffekt), auf den wir mit weiteren vergeblichen Versuchen reagieren, den Gedanken zu unterdrücken, und so weiter.

Wegners Theorie liefert uns einen Ansatz zur Behandlung unserer Patienten mit negativen Gedanken. Es kann entscheidend darauf ankommen, ihnen zu vermitteln, dass es völlig normal ist, von Zeit zu Zeit negative Gedanken zu haben, und dass diese Gedanken erst durch den Versuch, sie zu unterdrücken, zu einem Problem werden. Wenn man so wie der Priester aus dem ersten Kapitel aufhört, seine Gedanken zu unterdrücken, und sie sich einfach durch den Kopf gehen lässt, ohne ihnen Widerstand entgegenzusetzen, hören diese bald auf, so störend und unangenehm zu sein.

Das Unterdrücken von Gedanken spielt zwar bestimmt eine Rolle für normale negative Gedanken, so wie ich sie beschrieben habe; das Entstehen einer echten Zwangsstörung ist damit allein jedoch wohl nicht zu erklären. Schließlich unterdrückt so gut wie jeder von uns hin und wieder einen unangenehmen Gedanken; jedoch wird nur eine kleine Minderheit von Menschen von quälenden und lähmenden Gedanken gepeinigt, wie sie typisch für eine Zwangsstörung sind. Was bewirkt also, dass sich negative Gedanken von einer lästigen, aber noch normal zu nennenden Erscheinung zu einem qualvollen und Kräfte raubenden Leiden entwickeln?

Warum geraten negative Gedanken außer Kontrolle?

Die Forschung hat ergeben, dass Menschen, die unter klinisch relevanten negativen Gedanken leiden, fast immer von einer psychischen Störung wie einer Depression, einer Zwangsstörung, einem Tourettesyndrom oder einer posttraumatischen Belastungsstörung betroffen sind.

Depression

Wie ich bereits sagte, erhöht eine bestehende Depression das Risiko einer Mutter, aggressive negative Gedanken in Bezug auf ihr Kind zu entwickeln – und zwar unabhängig davon, ob die Depression unmittelbar nach der Entbindung oder erst später auftritt. In einer Studie von Jennings und seinen Mitarbeitern, in der einhundert depressive Frauen mit einem Kind unter drei Jahren befragt wurden, gaben 41 Prozent an, unter Gedanken zu leiden, die um die Möglichkeit kreisten, sie könnten ihrem Kind etwas antun. Von den 46 befragten nichtdepressiven Müttern hatten dagegen nur sieben Prozent derartige Gedanken.[7]

Wenn wir depressiv sind, sehen wir uns selbst und unsere Umwelt in einem sehr trüben Licht und neigen dazu, uns mehr Gedanken über den Tod und andere Gefahren und schlimme Dinge zu machen, die möglicherweise auf uns zukommen könnten. In diesem Zusammenhang berichtete eine Forschergruppe aus England kürzlich von vier Frauen, die wegen pathologischer Angst vor einem plötzlichen Kindstod (Krippentod) in Behandlung waren.[8] Die Frauen waren alle depressiv und überprüften nachts zwanghaft immer wieder die Atmung ihres Babys.

Die typischen Merkmale einer klinischen Depression sind in Tabelle 6 auf Seite 75 aufgeführt. Wie das letzte Merkmal besagt, neigen Depressive dazu, äußerst schlecht von sich selbst zu denken.[9] Aus diesem Grund deuten sie normale negative Gedanken als Beweis für ihre Wertlosigkeit, Sündhaftigkeit und Schlechtigkeit.

Es ist äußerst wichtig, klar zwischen den negativen Gedanken zu unterscheiden, um die es in diesem Buch geht, und Selbstmordgedanken, wie sie bei einer Depressionen häufig auftreten. Wenn Sie häufig und intensiv Gedanken wie die folgenden haben:

- die Vorstellung, sich selbst das Leben zu nehmen,
- das Bild von sich selbst in einem Sarg,
- starke Impulse, sich zu schneiden,
- starke Impulse, sich zu erschießen,
- starke Impulse, eine Überdosis Tabletten zu nehmen,
- starke Impulse, sich zu erhängen,
- stake Impulse, aus dem Fenster zu springen,
- starke Impulse, mit dem Auto gegen einen Baum oder ein anderes Hindernis zu fahren, oder

Tabelle 6
Merkmale der klinischen Depression

- die meiste Zeit über bestehende Niedergeschlagenheit, Traurigkeit, innere Leere oder Weinerlichkeit
- fehlendes Interesse bzw. keine Freude an Dingen, die man sonst gern gemacht hat
- Appetitmangel und Gewichtsverlust oder Appetitzunahme und Gewichtszunahme
- Schlafstörungen (zu wenig oder zu viel Schlaf)
- die meiste Zeit über bestehende Verlangsamung oder starke innere Unruhe
- die meiste Zeit über bestehende Schwierigkeiten, klare Gedanken zu fassen, sich zu konzentrieren oder Entscheidungen zu treffen
- häufiges Denken an den Tod oder an Selbstmord
- verringertes Interesse an Sexualität
- Minderwertigkeits- und Schuldgefühle

Leicht verändert übernommen aus American Psychiatric Association/Saß & Henning (1996). *Diagnostisches und statistisches Manual psychischer Störungen – DSM-IV.* Göttingen: Hogrefe.

- Vorstellungen oder Bilder vor dem inneren Auge, in denen man irgendeines dieser Dinge tut,

dann sollten Sie diese Gedanken oder Impulse ernst nehmen und so bald wie möglich mit einer Fachfrau oder einem Fachmann darüber sprechen. Im Unterschied zu den harmlosen sexuellen, aggressiven und religiösen negativen Gedanken, um die es in diesem Buch geht, sind sie keineswegs immer unbedenklich.

Tourettesyndrom

Bei dem Tourettesyndrom handelt es sich um eine neuropsychiatrische Störung, in der sich die Spannung zwischen unseren sexuellen und aggressiven Impulsen auf der einen und den gesellschaftlichen Normen und Tabus auf der anderen Seite abzeichnet. Bei keiner anderen Störung zeigt sich der Dämon der Infamie so klar und deutlich! Denn neben den motorischen Tics und Zuckungen, die zusammen mit den merkwürdigen Geräuschen, die die Betroffenen oft ausstoßen, zu den Hauptanzeichen der Störung gehören, kommt es auch vor, dass derbe Flüche gerufen oder masturbatorische Bewegungen gemacht werden. Häufig klagen Tourettepatienten auch über ungewollte sexuelle und gewalttätige Gedanken und Impulse.

Es folgt eine der frühesten überlieferten Beschreibungen des Tourettesyndroms:

> In der Mitte des 15. Jahrhunderts reiste ein besorgter Vater mit seinem Sohn von Mitteleuropa bis nach Rom, um den Rat eines Exorzisten einzuholen. Bis vor einiger Zeit, so erklärte der Vater, war der Sohn noch ein geachteter und begabter Prediger gewesen. Zu seinem großen Entsetzen hatte er jedoch seit einiger Zeit jedes Mal, wenn er sich in einer Kirche befand, den seltsamen und unwiderstehlichen Drang, Grimassen zu schneiden und Flüche auszustoßen. Auch der Sohn war in großer Sorge – mit Recht in jenen Zeit der Hexenverbrennung, in denen vermeintlich vom Teufel Besessene ohne viel Federlesen hingerichtet wurden. Auf die Frage, wie er sich sein Verhalten erkläre, sagte der junge Mann, es sei, als habe ein Dämon die Herrschaft über seinen Verstand ergriffen. «Ich kann nichts dagegen tun», sagte er. «Er bedient sich aller meiner Glieder und Organe ... und macht, dass ich spreche oder Laute ausstoße; und ich höre meine Worte, als wären sie von mir selbst gesprochen, aber ich bin ganz und gar unfähig, sie zurückzuhalten. Der Vater befürchtete, sein Sohn sei vom Teufel besessen, und sah den einzigen Ausweg in einer Austreibung.[10]

Wenn man einem Tourettebetroffenen sagt, dass er etwas Bestimmtes nicht tun soll, verspürt er oft sofort einen starken Drang, genau dies zu tun. Von Patienten höre ich, dass sie den Drang hatten, Messer in Steckdosen zu stecken, bei hohem Tempo in den Rückwärtsgang zu schalten, sich ins Auge zu stechen, Feuermelder zu betätigen, andere Leute an die Nase zu fassen und rassistische Beleidigungen oder in der Kirche gotteslästerliche Sprüche von sich zu geben. Und im Gegensatz zu Menschen mit einer Zwangsstörung setzen Tourettepatienten ihre Impulse immer wieder in die Tat um!

In den Fallbeschreibungen des Neurologen Oliver Sacks kommt sehr schön die psychologische Komplexität dieser Störung zum Ausdruck. Vor einiger Zeit besuchte Sacks einen kanadischen Chirurgen, der unter der Tourettestörung litt. In seiner Schilderung der Begegnung mit diesem erstaunlichen Mann erkennen wir sofort das Wirken des Dämons der Infamie, der immer wieder das gerade unpassendste, am meisten verbotene Verhalten ins Visier nimmt.

> Bei der nächsten Patientin handelte es sich um eine schwergewichtige Frau mit einem Melanom am Gesäß, das herausgeschnitten werden musste. Bennett desinfizierte sich und zog sterile Handschuhe über. Das Verbot, etwas Nichtsteriles zu berühren, schien seinen Tourette anzustacheln: Seine Hand machte zuckende Bewegungen in Richtung auf den nicht vom Handschuh bedeckten, «schmutzigen» Teil seines Arms zu. Die Patientin blickte ihn mit ausdruckslosen Augen an.[11]

Eine weitere Szene:

> Bei seinen Vorbereitungen für den OP-Saal bot Bennett einen bestürzenden Anblick. «Sie sollten sich mal zusammen mit ihm desinfizieren», sagte seine junge Assistentin. «So etwas haben Sie noch nicht erlebt!» Sie hatte Recht: Was ich zuvor in der Ambulanz gesehen hatte, war nichts dagegen. Ständig zuckte seine Hand und näherte sich der nicht desinfizierten Schulter, dem Spiegel oder der Assistentin, stets zog er sie gerade noch rechtzeitig wieder zurück. Immer wieder machte er plötzliche Bewegungen auf seine Kollegen zu und berührte sie mit dem Fuß – gleichzeitig gab er ständig irgendwelche Laute von sich: «Huuti-huuuu, huuti-huuuu!» Es klang wie der Ruf einer Eule.[12]

Auch viele meiner Patienten mit Tourettesyndrom sind oft in der Versuchung, im dümmsten Moment das am wenigsten Passende zu tun. Bei einem Chirurgen kann dies bedeuten, seine sterilisierten Hände zu beschmutzen, bei meinem Patienten Herrn B., einem Vertreter, der sehr viel Auto fahren musste, konzentrierten sich die Impulse auf seinen Wagen bzw. die Möglichkeiten, diesen zu demolieren. Zwar hatte er dank des Medikaments Haldol, das er regelmäßig einnahm, die meisten seiner Tics und Zuckungen im Griff und stieß auch keine Grunzlaute mehr aus, als er zu mir kam, jedoch verspürte er gelegentlich einen starken Drang, etwas sehr Gefährliches zu tun, etwa auf der Autobahn bei Tempo 100 in den Rückwärtsgang zu schalten. (Als er mir dies erzählte, fiel mir ein, dass ich auch schon mal überlegt hatte, was passieren würde, wenn ich so etwas täte – der Dämon der Infamie lauert immer und überall!) Wie Herr B. mir erklärte, gelang es ihm, diesen Drang immer so lange zu unterdrücken, bis er sein Fahrzeug auf den Seitenstreifen gefahren und dort etwas abgebremst hatte. Dann vergewisserte er sich, dass kein Wagen hinter ihm war, und legte – rrrratsch – den Hebel der Automatikschaltung von D auf R um. Die Folge: Die Gänge knirschten, das Getriebe blockierte und gab seinen Geist auf und nach wenigen Metern kam der Wagen dann zum Stehen. «Ach übrigens», sagte Herr B. und erwähnte noch eine wichtige Vorsichtsmaßnahme, zu der ihn sein besonderen Problems veranlasst hatte. «Ich fahre ausschließlich Mietwagen.»

Die Zwangsstörung und das Tourettesyndrom sind vermutlich genetisch miteinander verbunden und haben auch einige neurologische Gemeinsamkeiten. Interessanterweise haben verschiedene neuere Studien gezeigt, dass Zwangskranke öfter unter aggressiven und sexuellen Zwangsgedanken leiden, wenn sie auch die für die Tourettestörung typischen Tics und Zuckungen aufweisen. So stellten beispielsweise Leckman und seine Mitarbeiter von der Yale-Universität fest, dass Zwangspatienten mit Tics häufiger angaben, von aggressiven, religiösen und sexuellen Zwangsgedanken verfolgt zu werden, als Zwangspatienten ohne Tics.[13] Zu ähnlichen Resultaten kamen Zohar und seine Mitarbeiter von der Hebrew University in Israel, die jugendliche Zwangskranke untersuchten und feststellten, dass diejenigen mit Tics stärker zu aggressiven und sexuellen Vorstellungen und Zwangsgedanken neigten als diejenigen ohne Tics (und dass diese Unterschiede nicht durch das Geschlecht der Untersuchungsteilnehmer zu erklären waren).[14] Einen Überblick über die Merkmale des Tourettesyndroms gibt Tabelle 7.

Tabelle 7
Merkmale des Tourettesyndroms

- Vor Erreichen des 18. Lebensjahres bestanden mehrere motorische Tics und wenigstens ein vokaler Tic (unwillkürliches Ausstoßen von Lauten oder Geräuschen).
- Die Tics zeigten sich mindestens ein Jahr lang mehrmals täglich und verschwanden niemals länger als drei Monate.

Motorische Tics (Beispiele)

- *Gesicht*
  - Blinzeln, Augenrollen, Kräuseln der Augenlider, Zucken der Kopfhaut, Stirnrunzeln, Kräuseln der Nase, Zucken der Nasenlöcher, Aufblähen der Nasenflügel, Öffnen des Mundes, Grimassieren, Schürzen der Lippen, Zucken der Lippen, Spucken, Herausstrekken der Zunge, Knabbern, Lecken, Nagen, Zähneknirschen, auf die Wange beißen, Hervorstrecken des Kiefers, Saugen, Reiben des Kinns
- *Kopf und Nacken*
  - Zurückwerfen des Kopfes, Kopfnicken, Kopf auf die Brust legen, mit dem Kopf rollen, Zucken oder Hochziehen der Schultern, Strecken des Halses
- *Arme*
  - Zucken der Arme, Hände zu Fäusten ballen, Strecken der Finger, Schlenkern der Arme, «Klavier spielen», Ausstrecken der Arme, Beugen der Arme, Schultern nach hinten schieben
- *Rumpf*
  - Vorschieben des Beckens, Hin- und Herwerfen des Unterleibs, Zucken des Brustkorbs, Anspannen des Gesäßes, Ausdehnen der Brustkorbs, Anspannen des Schließmuskels, Wackeln
- *Beine*
  - Wackeln des Fußes, Beugen der Hüften, Treten, Einziehen der Zehen, Strecken des Fußes, Ausstrecken des Beines, Beugen des Knies

Vokale Tics (Beispiele)

Räuspern, Bellen, Schniefen, Schnauben, Grunzen, Fluchen, Nachsprechen, hörbares Schlucken, Quieken, Schreien, Schnalzen, Prusten, Keuchen, tief Luft holen, Rülpsen, Johlen, Summen, Zischen, Knurren, «Jahu» sagen, Quaken, «Hahaha» sagen, Keuchen, wiederholt einzelne Laute von sich geben wie «sch-sch-sch», «t-t-t», «u-a»

Leicht verändert übernommen aus American Psychiatric Association/Saß & Henning (1996). *Diagnostisches und statistisches Manual psychischer Störungen – DSM-IV.* Göttingen: Hogrefe sowie aus A. J. Lees (1985). *Tics and Related Disorders.* Edinburgh: Churchill Livingstone.

Zwanghafte Persönlichkeitsstörung

Bei vielen Menschen, die unter negativen Gedanken leiden, würde man auch eine Zwanghafte Persönlichkeitsstörung diagnostizieren. Die Kriterien für diese Störung sind auf Seite 62 aufgeführt. Wie der Tabelle zu entnehmen ist, neigen diese Menschen zu einer besonders starren und perfektionistischen Haltung in Bezug auf moralische oder religiöse Fragen. In ihren Augen ist schon ein einzelner negativer («böser») Gedanke unverzeihlich – selbst wenn sie die Tatsache anerkennen, dass auch andere Menschen derartige Gedanken haben. Vor allem, wenn der Betreffende an einen Rache nehmenden, bestrafenden Gott glaubt, nimmt er sich jeden negativen Gedanken, der ihm durch den Kopf geht (und den andere vielleicht kaum wahrnehmen würden), äußerst übel.

Früher sah man das Problem von Menschen mit einer Zwanghaften Persönlichkeitsstörung in einem «überempfindlichen Gewissen» – eine Bezeichnung, die den Kern ihrer Schwierigkeiten im Grunde besser beschreibt als der heute verwendete Fachterminus.

Zwangsstörung

Menschen mit einer Zwangsstörung haben entweder störende Gedanken, die sich ihnen immer wieder aufdrängen, oder führen immer wieder bestimmte stereotype Handlungen aus oder beides. (Die diagnostischen Kriterien für die Zwangsstörung sind auf Seite 57 aufgeführt.)

Cary Savage, Scott Rauch und unsere Forschungsgruppe vom *Massachusetts General Hospital* haben vor einiger Zeit herausgefunden, dass es Zwangsbetroffenen schwer fällt, Dinge zu registrieren, auf die sie sich nicht aktiv konzentrieren, was zur Folge hat, dass diese Dinge nicht in ihrem Gedächtnis gespeichert werden, wie es bei den meisten anderen Menschen automatisch geschieht. Beispielsweise kann ich mich zwar nicht mehr konkret daran erinnern, heute morgen mein Auto abgeschlossen zu haben, jedoch war irgendein Teil meines Gehirns, während ich dies tat, aktiv und hat den Vorgang automatisch registriert. Dies wird implizites Lernen genannt, da ich mich zu dem Zeitpunkt nicht aktiv – oder explizit – auf das Abschließen der Tür konzentriert habe. Dennoch bin ich mir intuitiv ziemlich sicher, dass ich es getan habe, auch wenn mir die konkrete Erinnerung daran fehlt. Aus diesem Grund starren Patienten mit einer Zwangsstörung vermutlich minutenlang auf einen Lichtschalter, ohne dass es «in ihrem Kopf ankommt», dass das Licht wirklich aus ist.

Menschen mit einer Zwangsstörung können sich oft nicht von dem Gefühl freimachen, möglicherweise etwas Schlimmes getan zu haben, einfach *weil sie sich nicht mehr daran erinnern, es nicht getan zu haben.* Zwar habe auch ich keine spezifische Erinnerung daran, vorhin auf der Straße niemanden sexuell belästigt zu haben, jedoch hat mein Gehirn alles überwacht, was ich gemacht habe, und dabei genug Informationen gesammelt, um mir das sichere Gefühl zu geben, dass ich mir nichts habe zu Schulden kommen lassen. Anders sieht es aus bei meinem Patienten, der befürchtet ohne es zu merken Passanten auf der Straße zu belästigen. Wenn er sich dann später fragt, ob er sich auch bestimmt niemandem unsittlich genähert hat, sucht er in seinem Gedächtnis nach Beweisen dafür und wird – da er keine findet – immer ängstlicher und besorgter, da er aufgrund seiner übermäßigen Gewissenhaftigkeit (und weil er absolute Sicherheit will), zu dem falschen Schluss kommt, dass er jemanden belästigt *haben muss.* Sonst müsste er sich doch daran erinnern können, es nicht getan zu haben. (Wir werden noch sehen, dass das Erkennen und Korrigieren derartiger irrationaler Überzeugungen das Kernstück der kognitiven Therapie, einer neuen Behandlungsform für negative Gedanken, bildet.)

Ein Großteil unserer Forschungsbemühungen in den zurückliegenden zehn Jahren war der Frage gewidmet, was im Gehirn von Zwangsbetroffenen vorgeht. Mit Hilfe der neuen bildgebenden Verfahren zur Untersuchung des Gehirns sowie sorgfältiger Untersuchungen unter Einsatz neuropsychologischer Aufmerksamkeits- und Gedächtnistests arbeitet unsere Forschungsgruppe daran, hinter das Geheimnis dieser rätselhaften Störung zu kommen.

Zum ersten Mal in der Geschichte sind wir heute in der Lage, zu sehen, was sich im Gehirn eines Menschen abspielt, während er negative Gedanken hat. Wie Cary Savage erklärt, zeigen unsere Studien, in denen Vorgänge im Gehirn sichtbar gemacht werden *(brain imaging)*, dass das Auftreten negativer Gedanken mit einer erhöhten Aktivität in bestimmten Bereichen des Gehirns einhergeht. Bei diesen Hirnarealen handelt es sich um den orbitofrontalen Kortex, den Nucleus Caudate und das vordere Cingulum, die alle eng mit dem limbischen System verbunden sind – dem Teil des Gehirns, der an starken Gefühlen und Empfindungen beteiligt ist. Dies erklärt, warum sich Zwangsgedanken meist um die Gefahr drehen, psychisch oder physisch Schaden zu nehmen (sich beispielsweise mit einer Krankheit zu infizieren oder sich vor anderen zu blamieren).

Savage veranschaulicht dies am Beispiel einer Frau, die Angst vor Messern hat. Normalerweise versucht sie, Messern aus dem Weg zu gehen. Wenn ihr dies aber einmal nicht gelingt, wird ihr limbisches System aktiviert und sie spürt, dass sie Angst hat. Wenn dann wegen ihrer Zwangsstörung die oben genannten Teile des Gehirns es trotz großer Anstrengung nicht schaffen, dieses Gefühl vollständig zu unterdrücken und von ihrem Bewusstsein fernzuhalten, kommt es wahrscheinlich zu Zwangsgedanken und Ängsten, die sich um das Messer und die möglichen Gefahren drehen, die davon ausgehen.

Denken Sie an meine Patientin Frau K., die Mutter, die oft stundenlang von der Sorge gequält wurde, sie könne ihre Kinder im Schlaf erstechen. Auf welche Weise würde ein Neuropsychologe wie Savage versuchen, Frau K. davon zu überzeugen, dass sie ihre Zwangsgedanken nicht in die Tat umsetzen wird? Vielleicht würde er sagen: «Sie befürchten vielleicht, Ihr Gehirn könnte es nicht schaffen zu verhindern, dass Sie diese Gedanken in die Tat umsetzen. In Wahrheit aber zeigen die Bildaufnahmen, dass die entsprechenden Teile Ihres Gehirns – beispielsweise Ihr orbitofrontaler Kortex – besonders rege sind und die Impulse mit Erfolg unterdrücken. Was in Ihrem Kopf passiert ist *genau das Gegenteil* von dem, was im Kopf eines Menschen passiert, der zu unberechenbarem und gefährlichem Verhalten neigt. Gerade da, wo Ihr Gehirn besonders aktiv ist, ist seins besonders träge.» Zum Schluss würde Savage versuchen, Frau K. zu der Einsicht zu verhelfen, dass es Zeitverschwendung ist, wenn sie sich ständig Sorgen macht und sich bemüht, ihre Gedanken und Impulse zu unterdrükken. Sie kann dies beruhigt den Teilen Ihres Gehirns überlassen, die dafür zuständig sind.

In welchem Zusammenhang stehen – hirnphysiologisch betrachtet – die Zwangsstörung und das Tourettesyndrom? Nach Savage kann man sich das so vorstellen, dass die beiden Störungen auf einem Kontinuum liegen, wobei die spezifischen Symptome, die auftreten, davon abhängen, welche Hirnsysteme nicht richtig funktionieren. Beim Tourettesyndrom sind vor allem die motorischen Netzwerke (d. h., die Nerven, die mit den verschiedenen Muskeln verbunden sind) betroffen. Als Folge davon kommt es zu unterschiedlichen Tics, Zuckungen und ruckartigen Bewegungen sowie zu Geräuschen und Lauten, die von der vokalen Muskulatur erzeugt werden. Bei der Zwangsstörung sind nach Ansicht von Savage hingegen eher die präfrontalen kognitiven Netzwerke betroffen, die für das Denken zuständig sind, so dass mentale Symptome wie Zwangsgedanken und Ängste im Vordergrund stehen.

Aber warum sagen Tourettebetroffene so oft unpassende Dinge? Nehmen wir als Beispiel eine Stelle aus einem Buch von Lowell Handler[15], der selbst Tourettebetroffener ist und über eine junge, homosexuelle Frau mit Tourettesyndrom schrieb: «Sie lebte noch bei ihren Eltern und hatte große Angst davor, dass diese von ihrer sexuellen Orientierung erfahren konnten. Ein Wort, dass sie immer wieder laut und vernehmlich von sich gab, war *lesbisch.*» Der Dämon in Hochform! Aber was läuft hier im Gehirn ab? Nach Savage hat bei derartigen Impulsen – bei denen es um gefährliche, provokative oder schockierende Dinge geht – stets das limbische (oder emotionale) System des Gehirns seine Hand im Spiel. Aus diesem Grund sei es kein Zufall, dass ausgerechnet solche Wörter ausgestoßen werden, die den Tourettebetroffene am peinlichsten und unangenehmsten sind.

Jeder von uns hat schon mal erlebt, dass Menschen zu tief ins Glas schauen und sich dann unangemessen verhalten – womöglich einige der peinlichen oder gefährlichen Dinge tun, vor denen sich Zwangspatienten so sehr fürchten. Woher kommt das? Was geht im Gehirn vor, wenn etwas Derartiges passiert? Nach Savage dämpfen Alkohol sowie bestimmte Medikamente und Drogen (z. B. Barbiturate) die Aktivität des frontalen Kortex, dessen Hauptaufgabe darin besteht, die primitiven aggressiven und sexuellen Impulse aus den tieferen Bereichen unseres Gehirns in Schach zu halten. Wenn wir Alkohol trinken oder bestimmte andere Substanzen zu uns nehmen, kann unser frontaler Kortex seine Funktion nicht mehr angemessen ausüben und wir setzen unsere Impulse mit höherer Wahrscheinlichkeit in die Tat um. Aus diesem Grunde ist es in der Regel keine gute Idee, wenn sich jemand, der unter der Furcht leidet, er könne etwas Gefährliches oder Dummes tun – typisch für Leute mit einer Zwangsstörung –, betrinkt oder sich einen Drogenrausch verschafft. Von mehreren Patienten habe ich gehört, dass sie nach einer Nacht, in der sie sich so betrunken hatten, dass sie sich später an nichts mehr erinnern konnten, am nächsten Morgen fürchterlich litten, weil sie nicht sicher ausschließen konnten, irgendetwas Unangemessenes getan zu haben. Hatten sie womöglich irgendjemand sexuell belästigt? Oder in den Orangensaft gepinkelt? Übereinstimmend meinten sie, dass die schrecklichen Ängste am nächsten Morgen – viel schlimmer als ein bloßer Kater – durch das vorübergehende Hochgefühl in der Nacht davor nicht aufgewogen werde.

Weiter oben haben wir Herrn G. kennen gelernt, einen Vater, der unter der Vorstellung litt, möglicherweise seine Tochter oder deren Freundin sexuell belästigt zu haben. So sehr er sich auch bemühte, er konnte sich einfach nicht daran erinnern, *nichts* Schlimmes getan zu haben, weswegen er sich immer weiter Sorgen machte. Was ging wohl in seinem Gehirn vor, das ihn in dieser Endlosschleife aus negativen Gedanken gefangen hielt? Nach Ansicht von Savage treten die Symptome einer Zwangsstörung nur dann auf, wenn *sowohl* emotionale Systeme des limbischen Systems *als auch* kognitive Systeme des präfrontalen Kortex nicht richtig funktionieren. Bei gleichzeitigem Auftreten dieser beiden Probleme messen Zwangspatienten wie Herr G. ihren Gedanken übergroße Bedeutung bei und reagieren mit übermäßiger Besorgnis auf ihr Auftreten. Verschlimmernd hinzu kommt, dass diese beiden Probleme wiederum mit einem dritten Problem zusammenhängen, welches das Gehirn von Menschen wie Herrn G. mit der Verarbeitung von Erinnerungen aus dem so genannten episodischen Gedächtnis hat. Unter episodischem Gedächtnis verstehen wir die Fähigkeit, sich konkrete Ereignisse aus der Vergangenheit wieder ins Gedächtnis zu rufen. Betrachtet man all diese Schwierigkeiten im Zusammenhang, wird klar, warum Herr G. sich so große Sorgen darüber macht, etwas Schlimmes getan zu haben, ohne sich konkret daran erinnern zu können – ein äußerst beängstigendes Gefühl. Bei Savage heißt es: «Zwar kann ich mich nicht mehr konkret daran erinnern, ob ich heute Morgen meine Haustür abgeschlossen habe, aber dies aktiviert mein limbisches System nicht in dem gleichen Ausmaß, wie es bei einem Zwangsbetroffenen geschehen würde – da so jemand übermäßig auf Sicherheit bedacht ist und ständig in der Sorge lebt, einen Fehler machen zu können und dafür zur Verantwortung gezogen zu werden.»

Von manchen Patienten höre ich, dass ihre negativen Gedanken zum Teil die Form von sehr lebhaften Vorstellungen annehmen. Sie sagen mir, dass sie Dinge, deren Eintreten sie befürchten, manchmal tatsächlich vor ihrem inneren Auge ablaufen sehen. Wenn sie beispielsweise Angst davor haben, einen Fußgänger mit dem Auto zu überfahren, «sehen» sie möglicherweise beim Blick in den Rückspiegel jemanden auf der Straße liegen. Eine meiner Patientinnen sah vor ihrem inneren Auge überfahrene Tiere auf der Straße, ein anderer Patient Leichenteile, die wie auf einem Schlachtfeld verstreut umherlagen. Derart deutliche bildhafte Vorstellungen lassen die negativen Gedanken noch beängstigender werden, als sie ohnehin schon sind.

Was geht in den Gehirnen der Betreffenden vor, wenn es zu solch merkwürdigen Phänomenen kommt? Savage schreibt dazu, dass Zwangspatienten eindeutig nicht schizophren seien, wenngleich einige von ihnen *halluzinationsähnliche* Erlebnisse haben. Wie mein Kollege Stephen Kosslyn in vielen Untersuchungen nachgewiesen hat, werden beim bildhaften Vorstellen einer bestimmten Situation *dieselben Hirnbereiche aktiviert* wie beim Betrachten der realen Situation. Zwangsbetroffene wie Herr G. – so vermutet Savage – stellen sich das, wovor sie sich fürchten, so oft vor, dass es irgendwann schwer für sie wird, zwischen Vorstellung und Realität zu unterscheiden. Ähnliches gilt für das Gedächtnis: Dadurch, dass Menschen wie Herr G. immer wieder ihr Gedächtnis danach befragen, ob sie bestimmte Dinge getan oder nicht getan haben, stören sie möglicherweise dessen Tätigkeit, so dass es irgendwann schwer für sie wird, zwischen Erinnertem und Vorgestelltem zu unterscheiden.

Als interessierter Beobachter der neurowissenschaftlichen Szene muss ich manchmal staunen angesichts der vielen Parallelen zwischen den Ergebnissen der neueren, unter Einsatz hochtechnischer bildgebender Verfahren durchgeführten Studien und den frühen Theorien Freuds über das Überich und dessen Bemühen, primitive Impulse aus dem anarchischen Es zu unterdrücken bzw. zu «verdrängen». Der orbitofrontale Kortex der Neurowissenschaften scheint sehr viel mit Freuds Überich gemein zu haben und das limbische System mit seinem Es. Tatsächlich sah Freud bei der Zwangsstörung ein allzu aktives Überich am Werk. Vermutlich wäre er begeistert zu sehen, dass in unseren Hirnaufnahmen der orbitofrontale Kortex von Zwangspatienten leuchtend rot erscheint – klares Anzeichen einer Überaktivität in dieser Region. Vielleicht stimmt es ja, dass es nichts Neues unter der Sonne gibt.

Posttraumatische Belastungsstörung

Typisch für Menschen, die unter einer posttraumatischen Belastungsstörung (PTBS) leiden ist, dass sie immer wieder an das traumatische Ereignis denken müssen, oft das Gefühl haben, es noch einmal zu erleben, und häufig davon träumen. Der entscheidende Unterschied zur Zwangsstörung ist, dass die PTBS-Betroffenen unter der Erinnerung an *tatsächlich erlebte traumatische Ereignisse* leiden, während sich Zwangsbetroffene mit Katastrophen beschäftigen, die ihnen *möglicherweise zustoßen könnten.* Tabelle 8 gibt eine Übersicht über die Merkmale der Störung.

Tabelle 8
Merkmale der posttraumatischen Belastungsstörung (PTBS)

- die Person hat ein traumatisches Erlebnis gehabt
  - ist entweder Zeuge oder Betroffener eines Ereignisses gewesen, bei dem jemand getötet oder verletzt worden ist oder es hätte werden können
  - hat darauf mit massiver Angst, Panik oder Hilflosigkeit reagiert
- das Ereignis lässt die Person nicht los,
  - sie erinnert sich häufig ohne es zu wollen daran (in Form von unwillkürlich auftauchenden Gedanken, Bildern, Gefühlen)
  - träumt häufig auf belastende Weise von dem Ereignis
  - hat das Gefühl, als würde sich das Ereignis wiederholen
  - reagiert sehr empfindlich und ängstlich auf alles, was sie an das Ereignis erinnert
- die Person vermeidet Dinge, die etwas mit dem Trauma zu tun haben
  - vermeidet Gedanken, Gefühle oder Gespräche, die etwas mit dem traumatischen Erlebnis zu tun haben
  - geht Beschäftigungen, Orten oder Menschen aus dem Weg, die sie an das Ereignis erinnern
  - kann sich an wichtige Einzelheiten in Zusammenhang mit dem Trauma nicht erinnern
- die Person fühlt sich gefühllos und leer
  - hat weniger Interesse an Dingen, die ihr vorher Freude bereitet haben
  - fühlt sich anderen gegenüber fremd und nicht zugehörig
  - ist unfähig zu starken Empfindungen (Liebe, Wut)
  - hat keine Erwartungen an die Zukunft in Bezug auf berufliche Karriere, Heirat, eigene Kinder oder ein langes Leben
- die Person ist oft ängstlich oder angespannt
  - hat Ein- oder Durchschlafschwierigkeiten
  - ist oft nervös oder reizbar
  - hat Konzentrationsschwierigkeiten
  - ist immer auf der Hut
  - ist schreckhaft

Leicht verändert übernommen aus American Psychiatric Association/Saß & Henning (1996). *Diagnostisches und statistisches Manual psychischer Störungen – DSM-IV.* Göttingen: Hogrefe.

Es ist wichtig, zwischen aufdringlichen negativen Gedanken aggressiver, sexueller oder religiöser Art und dem Nachwirken von traumatischen Ereignissen in Form von Vorstellungen und Erinnerungen zu unterscheiden. Dies gilt besonders, wenn das Trauma sehr schwerwiegend war und gravierende psychische Probleme nach sich gezogen hat, zu deren Überwindung professionelle Hilfe nötig ist. In ihrem Klassiker *Die Narben der Gewalt* beschreibt Judith Herman Patienten, die an einer von ihr als «komplexe PTBS» bezeichneten Störung leiden. Dazu zählen Menschen, die

> ... über einen längeren Zeitraum (Monate oder Jahre) massiv einschränkenden und belastenden Bedingungen unterworfen waren. Hierzu zählen Entführungsopfer, Kriegsgefangene, Überlebende aus Konzentrationslagern und Menschen, die in die Fänge von Sekten geraten sind. Auch Menschen, die in ihrem häuslichen Alltag über längere Zeit schweren Übergriffen ausgesetzt waren, sind häufig betroffen, beispielsweise Opfer von familiärer Gewalt, von Kindesmisshandlung oder Kindesmissbrauch oder von systematischer sexueller Ausbeutung.[16]

Menschen, die derartigen traumatischen Lebensbedingungen ausgesetzt waren, leiden oft unter folgenden Symptomen, die sich von den aggressiven, sexuellen und blasphemischen Gedanken, um die es in diesem Buch geht, deutlich unterscheiden:

- häufige Selbstmordgedanken,
- häufige Gedanken daran, sich selbst etwas anzutun,
- häufiges Wiedererleben vergangener Erfahrungen,
- Furcht davor, Wut und Ärger zu empfinden oder zum Ausdruck zu bringen,
- extrem unterdrückter Ärger,
- Gedanken daran, sich an dem Täter zu rächen,
- Furcht oder Abscheu vor Sexualität,
- belastende sexuelle Vorstellungen.

Was in traumatisierten Personen vorgeht, beschrieb Judith Herman mit folgenden Worten:

> Der traumatische Moment wird als eine besondere Form von Erinnerung abgespeichert, die ohne Anlass in das Bewusstsein einbricht, sowohl als plötzliches Auftauchen von Bildern und Vorstel-

lungen im Wachzustand als auch in Form von Albträumen im Schlaf. Die Erinnerungen können durch kleine, scheinbar unbedeutende Anlässe ausgelöst werden und dann mit der gleichen Kraft und emotionalen Wucht erlebt werden wie das ursprüngliche Ereignis. Somit wird auch eine eigentlich sichere Umgebung als gefährlich erlebt, da der oder die Betroffene niemals sicher sein kann, nicht mit irgendetwas in Berührung zu kommen, was ihn bzw. sie an das Trauma erinnert.[17]

Es gibt wirksame Therapieformen für die PTBS und die komplexe PTBS, die zum Großteil in Hermans hervorragendem Buch beschrieben werden. Wenn Sie glauben, eine posttraumatische Belastungsstörung zu haben, würde ich Ihnen raten, zunächst möglich viel darüber zu lesen und sich dann an eine Fachfrau oder einen Fachmann Ihres Vertrauens zu wenden.

Fallbeispiel: Überschneidung von negativen Gedanken und PTBS

Mit den verschlungenen und manchmal verwirrenden Zusammenhängen zwischen negativen Gedanken und der PTBS kam ich durch Frau J. in Berührung, die zu mir in die Behandlung kam. An der Patientin, einer jungen berufstätigen Frau, fiel mir als Erstes ihre große Schüchternheit auf. Zwar war sie höflich und blickte hin und wieder in meine Richtung, jedoch schaute sie mich nie direkt an. Erst bei ihrem zweiten Termin hatte ich das Gefühl, sie fragen zu können, warum sie mir nicht in die Augen sah.

Mittlerweile hatte sie mir zögernd erzählt, dass sie von aggressiven und sexuellen Gedanken gequält wurde. Diese Gedanken traten sowohl an ihrem Arbeitsplatz auf, wo sie sich auf ihre Kollegen bezogen, als auch in vielen anderen Situationen, beispielsweise beim Bus- oder Zugfahren. Wissend, dass Frau J. wie die meisten meiner Patienten in Bezug auf alles, was mit ihren negativen Gedanken zu tun hatte, sehr empfindlich war, fragte ich sie vorsichtig: «Weichen Sie meinem Blick aus, weil dadurch negative Gedanken in Bezug auf *mich* ausgelöst werden könnten?» Frau G. sah zu Boden und nickte. «Das ist *ein* Grund», fügte sie nach einem kurzen Augenblick hinzu. Nachdem einige Sekunden verstrichen waren, ohne dass sie etwas gesagt hatte, fragte ich sie nach den anderen Gründen.

Einen Moment blieb sie still. Dann sagte sie, die Augen nach wie vor auf den Linoleumboden meines Sprechzimmers gerichtet: «Wenn Sie mir in die Augen schauen, können Sie darin sehen, was ich alles Schlimmes gemacht habe.» Frau J. erklärte, dass sie auch unter Gedanken litt – von denen sie befürchtete, es könne sich um echte Erinnerungen handeln –, die sich darauf bezogen, als Kind sexuell missbraucht worden zu sein.

Dies war der erste Hinweis auf einen möglicherweise bestehenden Zusammenhang zwischen den zwanghaften Gedanken und einer PTBS. Noch deutlicher wurde dieser Zusammenhang, als Frau J. für ihre Konfrontationsübungen mit meiner Hilfe ein Protokoll ihrer negativen Gedanken anfertigte.[18] Nachdem sie dieses Gedankenprotokoll auf Band gesprochen und sich am folgenden Abend angehört hatte, rief sie mich an, um mir zu sagen, dass etwas Merkwürdiges passiert sei.

Nachdem sie sich das Band eine Weile angehört hatte, auf dem sie beschrieb, wie sie ein kleines Kind in einer Dusche missbrauchte – eine ihrer gefürchtetsten Vorstellungen –, war zunächst immer mehr Angst in ihr aufgestiegen. Dann fühlte sie sich auf einmal wie betäubt, ohne Verbindung zu ihrer Umgebung. Plötzlich sah sie wie in einer Rückblende im Film *sich selbst*, wie sie als kleines Mädchen in der Dusche missbraucht wurde. Dabei hatte sie teilweise die gleichen Empfindungen wie damals – es war, als würde es wieder passieren. Solche Rückblenden («Flashbacks») sind typisch ist für Patienten mit PTBS.

Dies war ein weiteres Warnsignal für mich – und ich sagte Frau J., dass wir womöglich auch ihre traumatischen Erinnerungen mit einer Konfrontationsbehandlung angehen müssten. (Wie viele meiner Patienten begann Frau J. da gleich, Schuldgefühle zu entwickeln und darüber nachzugrübeln, ob sie sich wirklich *absolut sicher* sein konnte, dass diese Dinge passiert waren. Da sie «Empfindungserinnerungen» hatte, konnten wir, so sagte ich ihr, vorläufig davon ausgehen, dass die Ereignisse tatsächlich stattgefunden hatten.)

Bei einer unserer nächsten Therapiesitzungen kam erneut zum Vorschein, dass bei dieser Patientin eine gemischte Zwangs- und PTBS-Symptomatik vorlag. Als sie aufschrieb, welche religiösen und aggressiven Gedanken ihr jedes Mal durch den Kopf gingen, wenn sie einen Fuß in eine Kirche setzte, zeigte sich, dass sie immer noch große Wut hatte – auf die Kirche im Allgemeinen und auf den Priester ihrer Familie im Besonderen. Dieser hatte sie nicht dazu ermutigt, darüber zu sprechen, was mit ihr gemacht wurde. Auf diese Weise hatte er zum Fortbestehen des sexuellen Missbrauchs beigetragen.

Ihre Psyche hatte anscheinend ihre Wut auf die Kirche, die sie niemals direkt zum Ausdruck bringen konnte, in aggressive Gedanken verwandelt, die sich gegen Menschen richtete, die ihr nichts getan hatten. Sigmund Freud nannte dieses Phänomen «Verschiebung». Als die Konfrontationsbehandlung – die Standardtherapie bei Zwängen – im Fall von Frau G. nicht die gewünschten Ergebnisse brachte – d. h., keine Habituation eintrat[19] – suchte ich nach einer neuen Diagnose, was dazu führte, dass die PTBS-Symptomatik und der vermutlich erlittene Missbrauch in den Blick kamen.

Die Wochen nach Frau J.s erstem Flashbackerlebnis waren nicht gerade ruhig. Sie rief mich oft an, um mir zu sagen, dass sie große Schuldgefühle und teilweise auch Selbstmordgedanken wegen ihrer Gedanken habe. Dies ist nicht selten bei Menschen mit schwerer PTBS und ein wichtiger Grund dafür, dass bei dieser Problematik eine Behandlung durch einen qualifizierten Therapeuten angezeigt ist.

Die Zwangssymptome, unter denen Frau J. gelitten hatte, gingen rasch zurück und sie arbeitet nun an ihren Flashbacks und ihrer Sorge, ob die Ereignisse wirklich stattgefunden haben. Dadurch, dass sie über ihre Erinnerungen spricht und dabei genau ihre körperlichen Empfindungen schildert (wie Schwindel, Übelkeit und das Gefühl, festgehalten zu werden), bekommt sie auch diese anderen Probleme nach und nach in den Griff. Es ist sehr hart für sie und wird noch viel Zeit in Anspruch nehmen, aber Frau J. ist entschlossen, das durchzustehen.

Patienten, die nicht auf die übliche verhaltenstherapeutische oder medikamentöse Behandlung ansprechen, frage ich heute routinemäßig nach traumatischen Erlebnissen. Häufig erinnern sie sich dann an körperliche, seelische oder sexuelle Traumatisierungen, die sie nicht richtig verarbeitet haben. Zwar ist die Forschung zu diesem Thema noch im Gang und es liegen noch keine abschließenden Ergebnisse vor, jedoch sind wir relativ zuversichtlich, was die Möglichkeiten der Betroffenen betrifft, nach einer Behandlung ihrer PTBS auch die negativen Gedanken erfolgreich angehen zu können.

Hochsensible Menschen

Bis vor kurzem fehlte in all diesen wissenschaftlichen Erklärungen noch ein weiteres Puzzleteilchen: Die Frage, warum sich meine Patienten so viele Sorgen wegen ihrer Gedanken machen, konnte keine der genannten Theorien zufrieden stellend beantworten.

Um eine Antwort auf diese Frage zu finden, begann ich, in den von mir geleiteten Gesprächsgruppen für Menschen mit negativen Gedanken nach Gemeinsamkeiten zwischen den Teilnehmern Ausschau zu halten. Ich suchte nach typischen Eigenschaften, die es mir erleichtern würden, ihr Problem zu verstehen. Nach etwa einem Jahr hatte ich schließlich ein relativ klares Bild von den Menschen, die an diesen Gruppen teilnehmen. Von nur ganz wenigen Ausnahmen abgesehen sagen die Patienten von sich, dass sie als Kind sehr empfindlich und sensibel waren, vor allem im Umgang mit anderen Menschen, aber auch in Bezug auf laute Geräusche oder starke Gefühle. Sie waren meist schüchtern und es nahm sie sehr mit, wenn sie von anderen Kindern geärgert wurden. Außerdem fiel es ihnen schwer, Gefühle wie Ärger und Wut offen zum Ausdruck zu bringen.

Diese Beobachtungen haben mich veranlasst, mich in unserer Institutsbibliothek nach Literatur über besonders empfindliche Menschen umzuschauen. Zuerst stieß ich auf ein von der Psychologin Elaine Aron verfasstes Sachbuch über «hochsensible Personen». Dieses Buch geht von der gut belegten Tatsache aus, dass sich Menschen dahingehend unterscheiden, wie ihr Nervensystem auf äußere Reize reagiert, und beschäftigt sich mit den Personen, die besonders empfindlich für Außenreize sind. Diese Menschen – deren Anteil an der Bevölkerung die Autorin auf 15 bis 20 Prozent schätzt – nennt Aron «hochsensibel». Sie hat mehrere Hundert hochsensible Personen interviewt, um sich ein Bild von ihnen zu machen und zu erfahren, welche positiven und negativen Auswirkungen die besondere Empfindlichkeit ihres Nervensystems auf ihr Leben hat. Zwei ihrer Ergebnisse sind mir besonders ins Auge gefallen: (1) Hochempfindliche Menschen sind «besonders gewissenhaft», und (2) «denken oft über ihre eigenen Gedanken nach».[20] Dies klang doch sehr nach den Patienten aus meiner Gruppe!

Als ich mich näher mit dem Phänomen auseinander setzte, fand ich weitere Aussagen dazu von dem großen russischen Physiologen Iwan Pawlow (der die Begriffe *schwaches Nervensystem* und *Neurotizismus* verwandte) sowie von C. G. Jung (der den Begriff *Introversion* benutzte und die Betreffenden als «in ihrer Gedankenwelt verloren» beschrieb). Mein Kollege Jerome Kagan von der Harvarduniversität hat den größten Teil seiner beruflichen Laufbahn der Frage gewidmet, wie sich dieser Charakterzug beim Menschen entwickelt – und ihn schon bei vier Monate alten Babys festgestellt. In seinem wegweisenden Buch über das Thema stieß ich auf einen Absatz, der sehr genau auf meine Patienten mit negativen Gedanken zutrifft.

> Angst und Schuldgefühle in Bezug auf die Verletzung moralischer Maßstäbe werden durch dieselben limbischen Schaltkreise vermittelt wie eine hohe Reaktivität und Inhibition [andere Worte für das, was wir normalerweise als «Schüchternheit» und «Gehemmtheit» in ungewohnten Situationen und vor allem Fremden gegenüber bezeichnen, L. B.]. In diesem Sinne gehemmte Kinder neigen daher vermutlich stärker zu diesen moralischen Regungen. Sie haben eine biologische Veranlagung, auf unsoziales Verhaltens mit besonders intensiven Angst- und Schuldgefühlen zu reagieren. Wenn solche Kinder in einer Umgebung aufwachsen, die von ihnen ein besonders angepasstes, folgsames Verhalten fordert, werden sie vermutlich sehr strenge moralische Maßstäbe in Bezug auf die Verhaltensweisen entwickeln, die in ihren Familien als verwerflich gelten.[21]

Auf diesen möglichen Zusammenhang zwischen dem Auftreten negativer Gedanken und der Tatsache, ein besonders gehemmtes oder hochsensibles Kind gewesen zu sein, bin ich erst vor kurzer Zeit aufmerksam geworden. Er bedarf zwar noch einer wissenschaftlichen Überprüfung, erscheint mir jedoch stimmig, und ist vor allem auch in den Augen meiner Patienten sehr plausibel. Eine Diskussion über das Thema hilft ihnen oft, darüber zu sprechen, welche Schwierigkeiten sie schon von frühester Kindheit an damit hatten, starke Gefühle zu empfinden bzw. sie auszudrücken. Wie sie unter Skrupeln und einem schlechten Gewissen gelitten haben und wie dies dazu geführt hat, dass sie bereits als Kind versuchten, bestimmte Gedanken zu unterdrücken. Wie manchmal schon kleine Patzer in sozialen Situationen, denen anderen keine Bedeutung beimessen, bei ihnen heftige Zwangsgedanken auslösen können. Und vor allem – warum sie ihre Gedanken so aufmerksam beobachten und ihnen so viel Bedeutung beimessen.

Mittlerweile haben Sie eine gewisse Vorstellung von den Ursachen negativer Gedanken, als da wären:

- Gründe, die weit in die Menschheitsgeschichte zurückreichen und die mit den sexuellen und aggressiven Trieben unserer Vorfahren zu tun haben,

- gesellschaftliche Tabus und Verbote, mit denen triebhaftes Verhalten eingedämmt werden sollte,
- Konsequenzen des Versuchs, ungewollte Gedanken zu unterdrücken, sowie
- bestimmte psychische Störungen, die, wenn sie gleichzeitig mit negativen Gedanken auftreten, dazu führen können, dass sich diese Gedanken zu einem behandlungsbedürftigen Problem ausweiten.

Sie sollten nun auch in der Lage sein, zwischen harmlosen negativen Gedanken und anderen Gedanken und Impulsen zu unterscheiden, die weniger harmlos sind und Anlass zu Sorge geben sollten. Nun ist es an der Zeit, uns den Therapieansätzen zuzuwenden, die sich in der Behandlung von aggressiven, sexuellen und religiösen negativen Gedanken bewährt haben.

Teil Zwei

Die Behandlung negativer Gedanken

Kapitel 5

Der Angst in die Augen sehen: Expositionsbehandlung

> *Jedes Mal, wenn Sie sich überwinden und der Angst in die Augen sehen, gewinnen Sie an Stärke, Mut und Selbstvertrauen. Dann können Sie sich sagen: «Das habe ich durchgestanden. Und mit dem Nächsten, was kommt, werde ich auch fertig.»*
>
> Anna Eleanor Roosevelt (1884-1962)

Viele meiner Patienten sind zunächst schockiert, wenn ich ihnen sage, dass sie zur Überwindung ihrer negativen Gedanken die direkte Konfrontation mit ihnen suchen müssen. «Gibt es keine einfachere Möglichkeit?» fragen sie oft. Viele Jahre lang hätten sie ja alles Mögliche versucht, um gerade *nicht* an diese schrecklichen Dinge zu denken. Meine Antwort lautet dann, dass noch keine andere Behandlungsmethode gefunden wurde, die so gut und so schnell wirkt wie die direkte Konfrontation (oder «Exposition») mit den Dingen, vor denen man sich am meisten fürchtet. Zahlreiche Forschungsarbeiten, die seit den 60er Jahren des 20. Jahrhunderts weltweit durchgeführt wurden, haben immer wieder bestätigt, dass wiederholte Konfrontationsübungen von einer Dauer von ein bis zwei Stunden bei den meisten Betroffenen zu einem deutlichen Rückgang der Zwangsgedanken führt.

Das Grundprinzip der Expositionstherapie ist sehr einfach:

Setzen Sie sich jeweils für ein bis zwei Stunden dem Objekt aus, das am meisten Angst oder Unbehagen bei Ihnen hervorruft, ohne die Situation zu verlassen oder irgendetwas zu tun, um sich abzulenken oder sich die Situation zu erleichtern.

Diese Anleitung ist sehr simpel, aber lassen Sie sich nicht täuschen: Es handelt sich trotzdem um eine sehr wirksame Heilmethode. So erwies sich diese anscheinend banale Instruktion in zwei Studien, die an der Universität von Kalifornien unter Einsatz moderner bildgebender Verfahren durchgeführt wurden, als das erste nichtmedikamentöse Behandlungsverfahren, das bei den Patienten, die auf die Behandlung ansprachen, messbare hirnphysiologische Änderungen bewirkte. Mein Kollege Isaac Marks vom Maudsley Hospital in London weist in seinen rund um den Globus gehaltenen Vorträgen immer wieder darauf hin, wie enorm wichtig es ist, relativ einfache medizinische Informationen möglichst weit zu verbreiten. In einem eindrucksvollen Vergleich verweist er darauf, dass die Vermittlung der folgenden einfachen Botschaft an Mütter in der Dritten Welt durch die Weltgesundheitsorganisation (WHO) mehr Menschenleben gerettet hat als medizinisches Gerät im Wert von vielen Millionen Euro.

> Die Anweisung für die Mütter besteht darin, eine Tasse Wasser zum Kochen zu bringen, eine mit drei – nicht zwei oder vier – Fingern genommene Prise Salz hinzuzufügen, die Mixtur umzurühren, zu probieren und dann, wenn sie nicht salziger als Tränen schmeckt und nicht zu heiß ist, dem Säugling mit einem Löffel einzuflößen.

Hinter dieser einfachen Anweisung stehen, wie Marks anmerkt, die Ergebnisse zweihundertjähriger wissenschaftlicher Forschungsbemühungen zur Dehydration, der Osmolarität des Blutes und den Möglichkeiten, korrigierend einzugreifen. Die Anweisung macht Behandlungen mit Infusionen und den Aufwand, der damit verbunden wäre, überflüssig. Die Mütter können ihre Babys auch im tiefsten Dschungel selbst behandeln.

Die einfachen Regeln der Expositionstherapie haben mit der zitierten WHO-Anleitung zwei Dinge gemein: Erstens handelt es sich um konkrete, verhaltensbezogene Anweisungen und zweitens muss die Voraussetzung erfüllt sein, dass die Angesprochenen den Rat als lohnend, ungefährlich und wirksam betrachten.

Habituation: Die Grundlage der Expositionstherapie

Will man sich klar machen, warum die Expositionsbehandlung so effektiv ist, muss man zunächst das zentrale Prinzip verstehen, auf dem diese Therapieform beruht: Habituation. Von Patienten höre ich manchmal, dass ihnen die Erklärung des Habituationsprinzips in meinem Buch «Alles unter Kontrolle» sehr einleuchtend erscheint. Dort heißt es:

> Haben Sie schon einmal Freunde besucht, die in der Nähe eines Flughafens oder eines Bahnhofs wohnen? Dann werden Sie sich wahrscheinlich gefragt haben, wie diese den ständigen Lärm ertragen können. Ihre Freunde scheinen diesen Lärm allerdings kaum zu bemerken. Oder haben Sie schon einmal am Morgen Ihre Füße in ein Paar enge Schuhe gequetscht und am Abend festgestellt, vergessen zu haben, dass Sie überhaupt Schuhe tragen? Wenn Sie eines dieser Erlebnisse gehabt haben, dann konnten Sie aus erster Hand Erfahrung mit einem Prozess machen, den wir «Habituation» nennen. Habituation leitet sich ab aus dem lateinischen Wort *habitus* (Gewohnheit) und bedeutet soviel wie «sich an etwas gewöhnen, sich durch mehrmaligen Gebrauch oder Umgang mit etwas vertraut machen». Gemeint ist also die Tatsache, dass sich der Organismus mit der Zeit an Situationen gewöhnt, auf die er zunächst stark emotional reagiert hat: Hat er sich erst einmal mit einer Situation vertraut gemacht, schwächt sich die Reaktion immer weiter ab. Das kann so weit gehen, dass die Situation gar nicht mehr wahrgenommen wird.

Habituation ist der Schlüssel zum Verständnis unserer Methode des Abbaus von Zwangsgedanken und Zwangshandlungen. Aus unserer wissenschaftlichen und praktischen Arbeit mit Hunderten von Patienten wissen wir, dass Zwänge fast immer nachlassen, wenn der Betroffene kontinuierlich Konfrontationsübungen, d. h. Übungen mit Reizkonfrontation und Reaktionsverhinderung, durchführt. Wie schnell sich jedoch eine Besserung einstellt, ist von Patient zu Patient verschieden. Der Drang des einen zur Ausführung zwanghafter Handlungen lässt schon nach der ersten Übungsstunde nach, während der andere erst nach zwei Wochen harter Arbeit Fortschritte feststellt. An diesen Unterschieden kann man nichts ändern, man muss sie so akzeptieren wie individuelle Unterschiede hinsichtlich Haarfarbe oder Körpergröße. Was zählt, ist, dass Ihre Zwänge irgendwann abnehmen werden, wenn Sie regelmäßig Ihre Übungen machen.

Habituation funktioniert nicht nur bei der Therapie von Zwängen, sondern auch in vielen anderen Bereichen unseres Lebens. So hatten die meisten von uns als Kind Angst vor der Dunkelheit. Wir fürchteten uns, schrien oder weinten und Gedanken an den Schwarzen Mann oder an Geister und Gespenster unter unserem Bett versetzten uns in Angst und Schrecken. Und vielleicht wollten wir deshalb, dass unsere Eltern das Licht anließen oder uns in ihr Bett kriechen ließen.

Wenn wir – und unsere Eltern – durchhielten und wir im Dunkeln schliefen, verloren sich jedoch im Laufe der Monate unsere Ängste und Gedanken an den Schwarzen Mann. Dadurch, dass wir also unser *Verhalten* änderten (im dunklen Zimmer blieben), beeinflussten wir indirekt auch unsere *Gedanken* (an Geister und Gespenster) und unsere *Gefühle* (Angst). Den letzten Satz sollten Sie noch einmal lesen; er beschreibt genau das, was bei der erfolgreichen Behandlung einer Zwangsstörung geschieht.[1]

Die Expositionsbehandlung – eine der wichtigsten Ansätze in der Therapie der Zwangsstörung – kann leicht auf die Art von negativen Gedanken abgestimmt werden, um die es in diesem Buch geht. Die konkrete Form der Therapie hängt dabei immer von der spezifischen Symptomatik ab, auf die die Behandlung abzielt, sowie von der Situation, durch die sie ausgelöst wird. So stellen bei einem Patienten, der ausschließlich Zwangsgedanken hat und keine zwanghaften Handlungen ausführt, die Gedanken selbst das kritische Verhalten dar, das in der Therapie angegangen wird. Oft lässt sich feststellen, dass die negativen Gedanken eines Patienten regelmäßig durch eine ganz bestimmte Situation ausgelöst werden, beispielsweise durch das Benutzen eines öffentlichen Verkehrsmittels, das Baden am Strand oder das Einkaufen in einem bestimmten Geschäft. Bei solchen Patienten ist es in der Regel wirksam, sie direkt in die gefürchteten Situationen hineinzuschicken (der Fachbegriff hierfür ist «In-vivo-Konfrontation»). Dies ist jedoch in vielen Fällen nicht möglich und dann müssen wir die Patienten auffordern, sich die gefürchteten Situationen innerlich vorzustellen, oft mit Unterstützung einer auf Band aufgenommenen Beschreibung der Situation. Im Weiteren werden beide Vorgehensweisen anhand von konkreten Fällen, in denen Menschen mit ihrer

Hilfe ihre negativen Gedanken spürbar abbauen konnten, näher verdeutlicht.

In-vivo-Konfrontation bei Zwangsgedanken sexuellen Inhalts

Joseph Ciarrocchi, ein Experte für die Behandlung von religiös gefärbten Zwängen, beschrieb vor einiger Zeit auf sehr anschauliche Weise die erfolgreiche Expositionsbehandlung eines Patienten, der streng religiös erzogen worden war und unter sexuellen Zwangsgedanken litt.

> Ein 37-jähriger homosexueller Baptist, der zölibatär lebte, litt stark unter Angst vor bestimmten sexuellen Gedanken. Zwar fühlte er sich nur zu erwachsenen Männern hingezogen, jedoch hatte er massive Zwangsgedanken in Bezug auf Kinder und Jugendliche. Jedes Mal, wenn er einen gut aussehenden jungen Mann sah, überlegt er, ob dieser möglicherweise noch keine 18 Jahre alt war. Die Vorstellung, er könne sexuelle Gedanken haben, die sich auf minderjährige Jungen richtete, machte ihm so viel Angst, dass er überhaupt keine Männer mehr ansah, die nicht ganz offensichtlich über 30 Jahre alt waren. Besonders unangenehm machte sich dieser Zwang während des Gottesdienstes bemerkbar, da die Vorstellung, in der Kirche sexuelle Gedanken in Bezug auf Minderjährige zu haben, für ihn unerträglich war. Daher starrte er die ganze Zeit den Geistlichen an, damit sein Blick nicht auf ein unschuldiges Kind fiel, an dem er sich gedanklich versündigen könnte.
>
> Auf Stufe 1 seines Behandlungsprogramms beschaffte er sich einen großen Warenhauskatalog. Therapeut und Patient betrachteten die Abbildungen für Herrenmode und suchten ungefähr zehn Bilder von erwachsenen männlichen Modellen in Anzügen, Freizeitkleidung und Strandmode aus. Der Patient stufte dann die Bilder nach dem Ausmaß an Angst und Unbehagen ein, das sie ihm verursachten, wobei darauf geachtet wurde, dass der Abstand zwischen zwei Bildern nicht zu groß war. Die Konfrontationsbehandlung begann dann damit, dass der Patient im Behandlungszimmer so lange das am wenigsten Angst auslösende Bild betrachtete, bis die Angst genügend zurückgegangen war. Auf diese Weise wurde mit allen Bildern verfahren, bis eine Desensibilisierung erreicht war.[2]

Auf Stufe 2 wurde weiter mit dem Katalog gearbeitet, dieses Mal aber wurden die Bilder aus den Seiten Teenagermode ausgesucht. Erneut suchte der Patient ungefähr zehn Bilder aus und wurde mit ihnen konfrontiert. Während dieser beiden Stufen der Behandlung führte der Patient auch zu Hause Konfrontationsübungen aus, obwohl es einige Wochen dauerte, bis er sich dies zutraute.

Stufe 3 bestand aus In-vivo-Konfrontation in natürlichen Kontexten. Der Patient wurde angehalten, jungen Männern nicht mehr aus dem Weg zu gehen, sondern nach ihnen Ausschau zu halten und sie «ganz natürlich» anzuschauen.

Auf Stufe 4 der Behandlung wurde die In-vivo-Konfrontation auf männliche Jugendliche ausgeweitet und auf Stufe 5 betrachtete der Patient schließlich während des Gottesdienstes junge Männer und Jungen im Teenageralter. (Oft eignen sich übrigens auch Ausschnitte aus Fernsehsendungen für die Expositionsbehandlung, da sich leicht Szenen finden lassen, deren Betrachtung Menschen mit bestimmten Ängsten zu vermeiden versuchen.)[3]

Dies ist ein klassisches Beispiel für die Behandlung negativer Gedanken sexueller Art mit Hilfe von Expositionstherapie. Auf die Besonderheiten der Behandlung von negativen Gedanken, die sich auf religiöse Überzeugungen beziehen (wie es auch bei diesem Patienten der Fall war), werden wir in Kapitel 7 noch ausführlicher eingehen.

In-vivo-Konfrontation bei aggressiven Zwangsgedanken

Die Behandlung aggressiver Gedanken entspricht weitestgehend der von Chiarrocchi beschriebenen Therapie der sexuellen Zwangsgedanken. In dem Fall, den ich hier schildern will, wurden zuerst die Situationen identifiziert, die der Patient vermied, weil sie bei ihm aggressive Gedanken auslösten. Im Anschluss daran setzte er sich diesen Situationen mit meiner Hilfe so lange aus, bis die Habituation eintrat.

Herr R., Mitte 20, war mit den Nerven am Ende, als er zu mir in die Behandlung kam. Er wirkte ausgesprochen unruhig und ängstlich und bat um Hilfe wegen seiner Gedanken, die darum kreisten, dass er seinen Eltern und seiner Freundin etwas antun könne. Wie er mir beim ersten Termin erzählte, wurden seine Gedanken immer intensiver und beunruhigender, je mehr er sich bemühte, sie beiseite zu schieben. Er versuchte, allen Situationen aus dem Weg zu gehen, die seine negativen Gedanken auslösen konnten. War er mit seinen Eltern oder seiner Freundin zusammen, räumte er alle Stifte und sonstigen scharfen bzw. spitzen Objekte vom Tisch, da er befürchtete, die anderen damit angreifen zu können. (In einem späteren Gespräch mit seinen Eltern und seiner Freundin bezeichneten diese Herrn R. als einen sehr sanften Menschen, der keiner Fliege etwas zuleide tun könne und zu dem sie volles Vertrauen hätten, obwohl sie von seinen negativen Gedanken wussten.)

Die Schwierigkeiten hatten ein Jahr zuvor begonnen, als Herr R. einmal mit Freunden ausgegangen war und relativ viel getrunken hatte. Plötzlich war ihm der Gedanke durch den Kopf geschossen: «Und wenn ich auf einmal einen von meinen Freunden angreifen würde?» Der Gedanke machte ihm große Angst, und obwohl er ihn für sich behielt und mit niemandem darüber sprach, ließ er ihn nicht mehr los und setzte sich in seinem Kopf fest. Kurz danach hatte er ähnliche Gedanken auch in Bezug auf seine Eltern, bei denen er noch wohnte, und auf seine Freundin. Er befürchtete beispielsweise, sie mit einem Messer oder einer Schere attackieren zu können.

Herr R. begann, das Zusammensein mit anderen Menschen zu vermeiden, und bald konnte er auch nicht mehr arbeiten gehen. Wie er mir mitteilte, hatte er die Hoffnung aufgegeben, je wieder ein normales Leben führen zu können, wie er es noch ein Jahr zuvor getan hatte. Als ich ihm sagte, dass er mit der richtigen Behandlung sehr gute Chancen hätte, seine Problematik zu überwinden, gab er zu, dass er mir zwar nicht ganz glauben könne, sich aber, obwohl er Angst vor der Therapie habe, auf die Behandlung einlassen wolle.

Zunächst erklärte ich Herrn R., dass er dadurch, dass er seine negativen Gedanken unterdrückte und die sie auslösenden Situationen vermied, selbst zu ihrem Fortbestehen beitrug. Wir müssten damit anfangen herauszufinden, was für Situationen seine negativen Gedanken auslösen konnten. Danach würde er sich mit meiner Unterstützung systematisch mit diesen Situationen konfrontieren. Ich verwies darauf, dass wir – wie 20 Jahre Forschung bewiesen haben – unsere Ängste (und zwar auch die Angst vor unseren eigenen Gedanken und Impulsen) am besten dadurch überwinden können, dass wir uns ihnen direkt stellen. Dies führt zu einer Habituation, d.h. zur Gewöhnung an die Situation, was zur Folge hat, dass diese nicht mehr so stark belastende Gefühle in uns auslöst und auch die negativen Gedanken zurückgehen.

Vor unserem nächsten Termin erstellte Herr R. eine Liste mit all den Situationen, die bei ihm negative Gedanken auslösten. Dazu gehörten vor allem, mit Vater oder Mutter am Tisch zu sitzen, wenn scharfe Gegenstände wie Stifte oder Messer im Raum waren, und mit der Freundin zusammen zu sein, insbesondere wenn scharfe Objekte herumlagen.

Nachdem wir nun wussten, welche Situationen seine negativen Gedanken auf den Plan riefen, forderte ich Herrn R. auf, sich so oft wie möglich in diese Situationen hineinzubegeben und sie nicht zu verlassen, auch wenn es sehr unangenehm für ihn würde. Beim nächsten Mal erzählte er mir, dass er damit angefangen hatte, mit seinen Eltern zusammen am Tisch zu sitzen, was er zuvor vermieden hatte. Nachdem er dies einige Abende getan hatte, legte er zusätzlich scharfe oder spitze Gegenstände wie Stifte, Messer oder Scheren in Reichweite auf den Tisch und unterhielt sich mindestens eine Stunde lang mit den Eltern. Wie er mir sagte, hatten diese Situationen zunächst extreme Angst in ihm ausgelöst, diese war jedoch von Tag zu Tag weniger geworden.

Als Nächstes forderte ich Herrn R. auf, das Zusammensein mit seiner Freundin nicht mehr zu vermeiden, was er bis dahin getan hatte. Zunächst saßen sie einfach nebeneinander, wobei er den Abstand zu ihr Stück für Stück verringerte. Dann ließ er zusätzlich scharfe Gegenstände herumliegen. Seine Freundin verstand die Wirkungsweise der Expositionstherapie und fungierte bei den Übungen zu Hause als Kotherapeutin. Sie erinnerte Herrn R. daran, dass ihm von Zeit zu Zeit negative Gedanken durch den Kopf gehen würden, dass es sich aber dabei *nur um Gedanken* handelte, die wahrscheinlich mit seiner besonders gewissenhaften Art zusammenhingen und völlig harmlos wären. Nachdem er drei Wochen lang seine Übungen gemacht hatte, berichtete mir Herr R., dass es ihm langsam besser gehe und es ihm wieder möglich sei, mit Menschen zusammen zu sein, denen er vorher aus dem Weg gegangen war. Allerdings hatte er immer noch häufig negative Gedanken, und er wollte von mir wissen, ob er irgendetwas tun könne, um weitere Fortschritte zu machen.

Ich sagte ihm, dass er den Prozess dadurch beschleunigen könne, dass er sich gezielt mit den Gedanken konfrontierte, die ihm am meisten Angst bereiteten. Auf seine Frage hin, was ich damit meinte, forderte ich ihn auf, ausführlich die schlimmsten Gedanken aufzuschreiben, mit denen er sich herumquälte. Dies könne zum Beispiel die Vorstellung sein, «auszurasten» und mit einem Messer auf seine Freundin einzustechen, worauf hin vielleicht seine Eltern auf der Bildfläche erscheinen und ihn als «übergeschnappt» bezeichnen würden. Möglicherweise würde dann die Polizei kommen und ihn in Handschellen abführen, sein Foto käme auf die Titelseiten der Zeitungen und in den Schlagzeilen würde er «der wahnsinnige Killer» genannt. Vielleicht befürchte er, dass sich seine Familie von ihm lossagen würde und er einsam und vergessen in irgendeiner Gefängniszelle zugrunde gehen würde.

Wie die meisten meiner Patienten fragte Herr R. mich daraufhin, ob das wirklich nötig sei. Ich teilte ihm mit, dass sich diese Art der Expositionsbehandlung, bei der die schlimmsten Gedanken des Patienten auf ein Band gesprochen und immer wieder angehört werden, als eine der effektivsten Möglichkeiten zur Überwindung von negativen Gedanken erwiesen hat. Herr R. fasste sich ein Herz und beschloss, es mit dieser Methode zu versuchen.

Er machte seine «Hausaufgaben» und brachte zum nächsten Termin ein zweiseitige Beschreibung des schlimmsten Szenarios mit, das er sich ausmalen konnte. Ich ging das Geschriebene gemeinsam mit ihm durch und strich alle Stellen, die zu seiner Beruhigung dienen konnten (wie «Aber so etwas wird ja niemals passieren» oder «Gott vergebe mir meine schlimme Tat») aus dem Text heraus. Dies tat ich, weil diese Stellen möglicherweise den Effekt der Exposition zunichte gemacht hätten.[4] Als der Text fertig war, ließ ich Herrn R. sein Schreckensszenario auf Band sprechen und wies ihn an, sich dieses Band einmal täglich mindestens eine Stunde lang auf einem Walkman anzuhören – sowie zusätzlich immer dann, wenn sich seine negativen Gedanken meldeten. Sobald er einen negativen Gedanken bemerkte, sollte er die Kopfhörer aufsetzen und so lange das Band anhören, bis die Gedanken wieder verschwanden.

Nachdem er dies zwei Wochen lang mit diesem und anderen Szenarien getan hatte, stellte Herr R. fest, dass seine Zwangsgedanken nur noch selten auftauchten und dass er sie, wenn es denn geschah, gut ertragen konnte. Er ging wieder arbeiten und seine Beziehung zu den Eltern und der Freundin normalisierte sich.

Wie der Fall von Herrn R. deutlich macht, bedienen wir uns wenn nötig zusätzlich zur In-vivo-Konfrontation oft noch anderer Expositionsmethoden. Im folgenden Abschnitt werden wir uns mit den Überlegungen, auf denen dieses Vorgehen beruht, befassen und einige weitere Beispiele für seine Anwendung geben.

Der Einsatz von Audio- und Videobändern zur Intensivierung der Expositionsbehandlung

Die Katastrophen, die Teil Ihrer negativen Gedanken sind, werden mit großer Sicherheit niemals eintreten. Aus naheliegenden Gründen ist eine In-vivo-Konfrontation mit der Vorstellung, Sie könnten «zufällig» ein Baby erstechen oder einen Fußgänger überfahren, ausgeschlossen! Auch der Versuch, sich diese Katastrophen auszumalen, führt oft nicht zu einer erfolgreichen Konfrontation, da nur wenige von uns über eine ausreichend gute Vorstellungskraft verfügen. Und selbst wenn es uns gelänge, uns derartige Szenen vorzustellen, wäre die Versuchung doch sehr groß, uns innerlich rasch wieder davon abzuwenden. Gute Erfahrungen haben viele meiner Patienten dagegen mit dem Einsatz von Videobändern gemacht. Diese helfen vor allem bei der Überwindung verbreiteter Schreckensvorstellungen, während sich Audiobänder vor allem für den Einsatz bei sehr persönlich geprägten negativen Gedanken eignen.

Wenn Sie unter aggressiven oder sexuellen negativen Gedanken leiden, scheuen Sie wahrscheinlich davor zurück, sich Fernsehsendungen oder Filme anzusehen, in denen entsprechende Szenen vorkommen. Wie Sie jedoch mittlerweile wissen, führt die Vermeidung derartiger Auslöser dazu, dass Ihre negativen Gedanken noch stärker werden. Bei vielen meiner Patienten kommt es zu einem Habituationseffekt, wenn sie sich einfach immer wieder Videos anschauen, in denen genau die Dinge passieren, um die ihre negativen Gedanken kreisen. Wenn Sie beispielsweise die Angst haben, unabsichtlich jemanden umzubringen, könnten Sie sich ein Video über einen spektakulären Mordfall besorgen, das geeignet ist, Ihre Zwangsgedanken in Gang zu setzen. Dieses Videoband könnten Sie sich dann so lange ansehen, bis Sie merken, dass die Angst und die ungewollten Gedanken verschwinden (es erübrigt sich wohl zu sagen, dass Sie sich dabei nicht ablenken dürfen). Sollten Ihre negativen Gedanken um die Möglichkeit kreisen, dass Sie oder andere vom Teufel besessen sind, könnten Sie sich beispielsweise einen Film ausleihen, in dem es um okkulte oder übernatürliche Phänomene geht (z. B. «Der Exorzist» oder «Rosemaries Baby»), und ihn sich so oft von Anfang bis Ende ansehen, bis er Sie kalt lässt. Dass eine solche Expositionsbehandlung funktioniert, merke ich immer dann, wenn ich von Patienten höre: «Ich kann das Video nicht noch mal sehen – es ist einfach zu langweilig!» Ich lächle sie dann an, gratuliere ihnen und verweise darauf, dass Langeweile das Gegenteil von Angst ist und bedeutet, dass sie eine vollständige Habituation erreicht haben.

Möglicherweise sind die Situationen, die bei Ihnen negative Gedanken hervorrufen, auch ganz persönlich und individuell. Frau A. befürchtete beispielsweise, ihr Baby dadurch umzubringen, dass sie es mit Bakterien infizierte, die durch den Umgang mit rohem Fleisch oder Eiern an ihre Hände gekommen waren. Diese Angst war so stark geworden, dass sie es nicht mehr über sich gebracht hatte, ihr Baby zu füttern oder zu windeln. Zwar war sie mit Hilfe der In-vivo-Konfrontation so weit gekommen, dass sie ihren Sohn wieder auf den Arm nehmen und ihm die Windeln wechseln konnte. Sie hatte aber weiterhin mit dem Gedanken zu kämpfen, sie könne ihn dadurch umbringen. Nur mit Hilfe eines genau auf ihre Situation zugeschnittenen Textes, den wir auf Band sprechen mussten, würde es gelingen, Frau A. effektiv mit ihren Ängsten zu konfrontieren.

Ich überzeugte Frau A. davon, dass eine vollständige Behandlung auch die Konfrontation mit der Situation umfasste, vor der sie die meiste Angst hatte. Sie begann daraufhin, haarklein aufzuschreiben, was für sie das Schlimmste war, was ihrem Kind passieren konnte. Bei unserem nächsten Termin ging ich dann gemeinsam mit ihr das auf zwei eng beschriebenen Seiten festgehaltene Horrorszenario durch, das ich hier leicht geändert und gekürzt wiedergebe, um Ihnen einen Eindruck von einem effektiven Expositionstext zu geben.

> «Ich wasch mir nicht ordentlich die Hände, nachdem ich ein Huhn gekocht habe. Ich füttere meinen Sohn und später am Tag stelle ich fest, dass er nicht richtig atmen konnte. Es ist, als würde ihm etwas die Luft abdrücken. Ich messe seine Temperatur: Er hat hohes Fieber. Ich fahre mit ihm ins Krankenhaus und berichte dem Arzt, was passiert ist. Er erklärt mir, dass ich wohl Bakterien an den Händen hatte und er jetzt eine Infektion hat, die er wahrscheinlich nicht überleben wird. Ich sitze an seinem Bettchen und höre ihn keuchen und japsen. Er schaut mich mit flehendem Blick an – ein stummer Hilferuf. Aber ich kann nichts für ihn tun. Mir kommen die Tränen und ich fühle mich immer hilfloser und schuldiger. In der nächsten Stunde muss ich mit ansehen, wie mein Junge an dem Gift stirbt, das ich in seinen Körper gebracht habe. Er stirbt einen grauenvollen Tod. Schließlich kommt mein Mann ins Krankenhaus und als er erfährt, was passiert ist, schreit er mich voller Zorn an, beschimpft mich als verantwortungslose Mutter und gibt mir die

Schuld am Tod seines Sohnes. Meine Mutter und mein Vater und meine Schwiegereltern sagen mir, dass sie nichts mehr mit mir zu tun haben wollen, weil ich absolut verantwortungslos gehandelt hätte. Ich hätte ihren Enkel auf dem Gewissen. Mein Mann verlässt mich. Ich verliere die Wohnung, muss in einer Obdachlosenunterkunft leben und werde Alkoholikerin. Nach ein paar Jahren komme ich zu dem Schluss, dass ich nichts mehr habe, für das es sich zu leben lohnt, und bringe mich schließlich um.»

Als ich den ersten Entwurf des Textes las, fiel mir auf, dass sie verschiedene relativierende Aussagen eingebaut hatte, mit denen sie sich selbst beruhigen und trösten wollte. Diese Stellen strichen wir aus dem Text heraus (es handelte sich um Sätze wie: «Aber ich sage mir, dass das alles nicht wirklich passiert» oder «Gott würde niemals zulassen, dass ihm so etwas zustößt»). Wie ich Frau A. sagte, war mir klar, dass es für sie zunächst sehr unangenehm sein würde, sich das Band anzuhören; dass der Text jedoch, wenn sie ihn immer wieder hören würde, nach und nach seine Wirkung auf sie verlieren würde. Und dann würde sie das Zusammensein mit ihrem Kind endlich genießen können – und hätte damit das Ziel der Behandlung erreicht. Sie sprach dann den Text drei oder vier Male auf eine Seite einer 60-Minuten-Audiokassette und hörte sich das Band mindestens eine Stunde am Tag auf ihrem Walkman an. Nach zwei Wochen berichtete sie mir glücklich, dass es ihr nicht mehr so viel ausmache, das Band anzuhören, und bald waren die Ängste, die das Füttern und Windelwechseln bei ihr ausgelöst hatte, fast völlig verschwunden. Dies ist mittlerweile ungefähr ein Jahr her und heute geht es ihr und ihrem Sohn gut und es bereitet ihr Freude, sich um ihn zu kümmern und ihn aufwachsen zu sehen.[5]

Es folgt ein weiteres Beispiel für den Einsatz von Audiobändern zur Überwindung der unbegründeten Angst, man könne anderen Schaden zufügen.

Frau F. bekam relativ spät ihr erstes Kind und konsultierte mich, weil sie sich sehr unsicher fühlte, wenn sie mit ihrem drei Monate alten Sohn zusammen war. Zunächst hatten sich ihre Ängste darauf beschränkt, ihn zu wickeln, wenn Scheren oder Messer herumlagen. Seit kurzem fiel es ihr jedoch auch schwer, ihn draußen im Kinderwagen umherzufahren, da sie von der Vorstellung gequält wurde, sie könne den Wagen vor ein entgegenkommendes Auto stoßen oder das Baby von einer Brücke hinunterwerfen, über die sie vormals gern gegangen war. Unnötig zu erwähnen, dass Frau F. – die wie viele meiner Patienten außerordentlich gewissenhaft war – diese Gedanken entsetzlich fand. Wie sie mir sagte, hatte sie sich schon von Kindesbeinen an immer sehr bemüht, alles richtig zu machen, und wollte nun auch als Mutter perfekt sein und ihr Kind, auf das sie so lange gewartet hatte, vor allen Gefahren beschützen. Sie hatte im vergangenen Jahr eine Reihe von Beruhigungsmitteln und Antidepressiva durchprobiert, aber keines der Medikamente hatte etwas gegen ihre negativen Gedanken ausrichten können. Deshalb war sie von ihrem Psychiater zu mir überwiesen worden.

Ich war der erste Mensch, dem sie ihre negativen Gedanken im Einzelnen schilderte. Ich hörte aufmerksam zu und versicherte ihr dann, dass ich nicht die Sorge hätte, sie könnte diese Gedanken jemals in die Tat umsetzen. Sie war in der Vergangenheit niemals gewalttätig geworden, schien in der Lage zu sein, ihren Ärger zu beherrschen, und sie war eindeutig nicht psychotisch. Es handelte sich um reine Zwangsgedanken – und sie war, wie ich ihr versicherte, bei weitem nicht die einzige, die unter derartigen Gedanken litt.

Des Weiteren erklärte ich ihr, dass ich mir zwar wünschen würde, es gäbe eine einfachere, angenehmere Methode zur Überwindung ihres Problems, dass jedoch eine Expositionsbehandlung mit den größten Aussichten auf Erfolg verbunden ist. Mit meiner Unterstützung würde sie sich mit genau den Gedanken und Vorstellungen konfrontieren, die sie in letzter Zeit stets beiseite geschoben hatte. Sie würde sich nicht erlauben, die Gedanken und Vorstellungen «abzuschalten», um sich vorübergehend besser zu fühlen, da dies nur den natürlichen Prozess der Habituation behinderte.

Es überraschte mich nicht, dass Frau F. sehr nervös wurde, als ich sie aufforderte aufzuschreiben, was im schlimmsten Fall passieren könnte, wenn ihre Gedanken wahr werden würden. Ich bat sie, alles daranzusetzen, das Szenario so lebhaft, drastisch und ausführlich zu beschreiben wie in einer Horrorgeschichte von Steven King. Zum nächsten Termin kam sie mit einem drei Seiten langen handgeschriebenen Text, den sie in einen weißen, unbeschrifteten Briefumschlag gesteckt und sorgfältig in ihrer Handtasche verstaut hatte, um sicherzustellen, dass sie ihn auf keinen Fall verlieren würde.

Machen Sie sich keine Sorgen, wenn sich bei Ihnen wie bei Frau F. beim Aufschreiben der negativen Gedanken Schuld- oder Schamgefühle einstellen. Dies ist für die meisten meiner Patienten keine leichte Aufgabe. Von einigen habe ich gehört, dass sie diesen «Beweis ihrer

Schande» nach Abschluss der Therapie verbrannt haben, damit er «nicht in falsche Hände» geriet.

Ich sah mir den Text, den Frau F. geschrieben hatte, an und stellte fest, dass sie genau getan hatte, worum ich sie gebeten hatte: sehr ausführlich ihre Gedanken aufzuschreiben, ohne irgendwelche «Hintertürchen» einzubauen. Sie berichtete mir, dass sie dabei mehrere Male in Tränen ausgebrochen war (das Aufschreiben der Gedanken und Vorstellungen ist oft schon eine erste und sehr effektive Konfrontationsübung).

Auf den Seiten, die sie mitgebracht hatte, beschrieb sie, wie sie mit dem Kinderwagen über die Brücke geht. Plötzlich verspürt sie den Drang, ihr Baby über das Brückengeländer ins Wasser herunterzustürzen. Sie gibt dem Drang nach und wirft den kleinen Körper über das Geländer, sieht ihn wie in Zeitlupe schreiend und mit den Armen rudernd herabfallen, unten aufschlagen und im kalten, dunklen Wasser versinken. Passanten rufen: «Haltet sie!», während sie bei der Vorstellung, wie ihr Sohn in den Fluten versinkt, verrückt auflacht. Die Menge umzingelt sie, Hände greifen und schlagen nach ihr. Sie wird zur Polizei gebracht, ihr Bild wird in den Fernsehnachrichten gezeigt, ihr Mann ist außer sich vor Wut. Sie schämt sich entsetzlich für ihre fürchterliche Tat, wird von den anderen Gefängnisinsassen als Kindesmörderin verprügelt und vergewaltigt und von ihrer Familie verstoßen und vergessen. Sie hat als Mutter vollständig versagt und ist ein Monstrum geworden. Damit ist genau das geschehen, was sie insgeheim immer befürchtet hatte. Im Gefängnis steckt sie sich mit Aids an und stirbt einen qualvollen und einsamen Tod.

Mit meiner Unterstützung sprach Frau F. ihren Text dann auf ein Band, das sie sich zweimal täglich jeweils eine Stunde lang anhören sollte, sowie zusätzlich immer dann, wenn die negativen Gedanken auftauchten.

Als sie sich – noch in meinem Sprechzimmer – die Aufnahme zum ersten Mal anhörte, brach sie in Tränen aus, zwang sich aber zuzuhören und schätzte im Anschluss daran die dabei aufgetretene Angst auf 10 ein (auf einer Skala von 1 bis 10). Ich versicherte ihr, dass, wenn sie regelmäßig übte, ihre Angst beim Anhören des Bandes nach und nach immer weiter zurückgehen würde und dass die negativen Gedanken mit der Zeit ihren Schrecken für sie verlieren würden.

Am Anfang kostete es Frau F. große Überwindung, mit dem Band zu arbeiten, aber sie hielt das Versprechen, das sie mir gegeben hatte, und hörte es sich regelmäßig an. Am Ende der ersten Woche stellte sie einen leichten Rückgang der Angst fest. Dieser Rückgang setzte sich in der zweiten Woche fort und am Ende der dritten Woche berichtete sie mir, dass sie das Band zu ihrer eigenen Überraschung zu langweilen begann. Später erstellten wir noch zwei weitere Bänder für die Konfrontation mit anderen negativen Gedanken, die sie hatte (den Kinderwagen auf die Straße zu stoßen bzw. ihren Sohn zu erstechen). Während sie noch mit diesen Bändern arbeitete und langsam zu habituieren begann, ermutigte ich sie, ihre Spaziergänge mit dem Kind wieder aufzunehmen.

Mit dieser kombinierten Tonband- und In-vivo-Exposition war Frau F. nach sechs Wochen so weit, dass sie keine Situation mehr vermied, die mit der Betreuung ihres Kindes zu tun hatte, und das Zusammensein mit ihm sehr genoss. Hin und wieder gingen ihr noch einmal negative Gedanken durch den Kopf – da sie sich aber nun darüber im Klaren war, dass es «einfach nur Gedanken» waren, die keine Bedeutung hatten, konnte sie sie kommen und gehen lassen und brauchte nicht mehr krampfhaft gegen sie anzugehen. Die Fortschritte, die sie erzielt hat, haben auch heute – zwei Jahre später – noch Bestand, was mich sehr freut.

Können Sie davon ausgehen, durch die Expositionsbehandlung hundertprozentig geheilt zu werden? Nein. Nur wenige Patienten machen die Erfahrung, dass ihre negativen Gedanken vollständig verschwinden. Aber die Mehrheit stellt fest, dass die negativen Gedanken nach der Expositionsbehandlung deutlich zurückgegangen sind und sie viel weniger in ihrer Lebensführung beeinträchtigen.

Wenn Sie es einmal mit einer Expositionsbehandlung versuchen wollen, finden Sie in den Tabellen 9 und 10 eine Reihe von Beispielen aus Therapien, die meine Kollegen und ich durchgeführt haben. Diese können Ihnen als Anregung bei der Planung Ihrer eigenen Expositionsübungen behilflich sein. Einige dieser Beispiele werden Sie vielleicht schockierend oder unanständig finden. In Kapitel 7 werden wir uns mit der Frage befassen, was zu tun ist, wenn Ihnen eine Konfrontationsübung, die Ihnen helfen könnte, moralisch nicht vertretbar erscheint.

Tabelle 9
In-vivo-Konfrontation zur Behandlung von negativen Gedanken (Beispiele aus Therapien)[6]

Gedanken, in denen es darum geht, Kindern etwas anzutun	▪ sich als Babysitter anbieten ▪ ein Kind baden oder wickeln ▪ nicht im Abfalleimer oder im WC-Becken nachschauen (aus Angst, man könnte das Kind dort hineingesteckt haben) ▪ Zeitungsartikel über Eltern lesen, die ihr Kind misshandelt haben
Religiöse Zwangsgedanken (über Satansverehrung)	▪ die Wörter «Satan» und «Teufel» aufschreiben ▪ im Rollenspiel die Rolle des Mitglieds eines Satanskults zu spielen ▪ Texte über satanische Rituale lesen ▪ im Internet Informationen über Satanskulte suchen
Zwangsgedanken über die Möglichkeit, homosexuell zu werden	▪ in ein Stadtviertel gehen, wo viele Homosexuelle wohnen ▪ Autobiographien homosexueller Personen lesen ▪ Versammlungen von Homosexuellenorganisationen besuchen ▪ in Magazinen wie dem Playboy nackte oder halbnackte Personen des gleichen Geschlechts anschauen ▪ sich im Fitnessstudio oder Schwimmbad bei offener Tür oder in Gemeinschaftskabinen umziehen ▪ in Museen oder Kunstbüchern Aktbilder anschauen

Zwangsgedanken über Inzest	▪ männlichem Familienmitglied Komplimente machen («Steht dir gut, der Pullover.») ▪ männliches Familienmitglied umarmen oder küssen ▪ Unterwäsche mit Dingen in Berührung bringen, die der Vater angefasst hat
Sexuelle Zwangsgedanken	▪ anderen Leuten gegenübersitzen ▪ «schmutzige» Sachen essen (z. B. penisförmige: Banane, Zucchini, Gurke) ▪ sexuelle Wörter aufschreiben (z. B. *kommen, eindringen, schlukken)* ▪ an Orte gehen, wo viele Kinder sind (Einkaufspassage, Spielzeugabteilung), um sexuelle Ängste in Bezug auf Kinder abzubauen ▪ Bandaufnahmen mit aufdringlichen sexuellen oder aggressiven Zwangsgedanken anhören (Schwierigkeitsgrad kann evtl. dadurch gesteigert werden, dass dies in der Nähe einer Kirche oder im Beisein von Kindern geschieht)

Tabelle 10
Ausschnitte aus Texten für die Expositionstherapie mit Audiobändern

---

Negative Gedanken über die Möglichkeit, sich Leuten auf der Straße unsittlich zu nähern. Ich könnte eine Erektion bekommen. Ich könnte mich mit Aids anstecken. Habe ich auch wirklich eine Hose an? Vielleicht kriege ich Aids. Wahrscheinlich bekomme ich Aids. Ich werde jemanden vergewaltigen. Ich werde anfangen zu onanieren. Ich werde mich ausziehen. Bestimmt kommt jemand zur Tür herein, wenn ich auf der Toilette bin. Womöglich habe ich Aids. Ich krieg bestimmt Aids. Ich weiß nicht, ob jemand reingekommen ist, als ich mich anzog oder als ich auf der Toilette war oder als ich onanierte. Vielleicht krieg ich Aids. Vielleicht krieg ich Aids. Vielleicht krieg ich Aids.

Negative Gedanken über die Möglichkeit, ein Kind zu töten. Ich gehe über die Brücke und auf einmal überfällt mich der Drang, mein Kind hinunter ins Wasser zu schmeißen. Ich nehm es aus dem Kinderwagen. Es sieht mich vertrauensvoll an und ich werfe es über das Geländer und sehe, wie es im kalten Wasser versinkt. Viele Leute bekommen mit, was passiert, und sie rufen: «Haltet die Verrückte!» Aber sie können nichts tun, um meine Tochter zu retten.

Negative Gedanken über die Möglichkeit, durchzudrehen und einen nahe stehenden Menschen zu erstechen. Ich sitze meiner Freundin gegenüber und sehe ein Messer auf dem Tisch liegen. Ich nehme es in die Hand und steche immer wieder auf sie ein. Meine schlimmsten Ängste werden wahr: Ich steche immer weiter auf sie ein, bis sie tot ist.

Negative Gedanken über die Möglichkeit, gotteslästerliche Dinge zu tun. Ich bin in der Kirche und rufe schlimme Dinge über Gott und Jesus. Ich reiße das Kruzifix von der Wand und zerschmettere es auf dem Boden. Die Gemeinde starrt mich entsetzt an.

Negative Gedanken über die Möglichkeit, sich an Tieren zu vergehen. Ich sehe die Geschlechtsteile des Hundes und zu meinem Entsetzen werde ich dadurch sexuell erregt. Ich greife mir den Hund und beginne, anal mit ihm zu verkehren. Meine Mutter kommt in das Zimmer und kann nicht fassen, was sie da sehen muss, aber ich mache einfach weiter. Das, was ich all die Jahre befürchtet habe, ist schließlich eingetreten.

Negative Gedanken über Inzest. Ich schlafe mit meiner Schwester. Ich habe die Beherrschung über mich verloren, wie ich es befürchtet hatte, und mache jetzt das Schlimmste, was ich mir vorstellen kann. (Es folgt eine ausführliche Beschreibung der Vorstellung.)

Negative Gedanken über die Möglichkeit, Familienmitgliedern etwas Schlimmes anzutun. Ich will meinen Sohn im Schlaf mit einem Kissen ersticken. Ich will ihn mit einem Gewehr in den Kopf schießen. Ich will meiner Mutter die Kehle durchschneiden. Ich will meinen Vater erstechen. Ich will es mit meinem Vater treiben. Ich will meine Schwester zwischen den Beinen küssen und sie oral befriedigen. Ich will meinen Mann umbringen. Ich werde mich an einem Kind vergehen. Ich werde im Beisein von Kindern sexuell erregt sein und mich selbst befriedigen. Bestimmt habe ich einem Kind etwas angetan. Man sollte mich aus dem Verkehr ziehen. Ich bin eine schlechte Mutter. Ich verdiene keine Gnade.

Leider sprechen manche Menschen, obwohl sie sich große Mühe geben, nicht auf die Expositionsbehandlung an und andere wollten sich nicht darauf einlassen. In diesen Fällen kann kognitive Therapie oder eine medikamentöse Behandlung hilfreich sein.

Ehe Sie mit den Expositionsübungen beginnen, sollten Sie noch einmal die auf Seite 64f in Kapitel 3 genannten Warnsignale durchgehen, um sicher zu gehen, dass Ihre negativen Gedanken wirklich harmlos sind. Wenn Ihnen nicht völlig klar ist, dass Ihre Befürchtungen unrealistisch oder zumindest stark übertrieben sind, oder wenn Sie es mindestens zehn Stunden lang mit Expositionstherapie versucht haben, ohne dass Ihre Angst und Anspannung zurückgegangen wären, sollten Sie es mit den im folgenden Kapitel beschriebenen Techniken der kognitiven Therapie versuchen. Wenn Sie auch dann kein Nachlassen Ihrer Symptome feststellen können, ist es an der Zeit, sich mit einem Fachmann oder einer Fachfrau in Verbindung zu setzen. Möglicherweise benötigen Sie auch eines der Medikamente, auf die in Kapitel 8 eingegangen wird.

Zum Glück profitieren die meisten Menschen, die unter negativen Gedanken leiden, von einer Expositionsbehandlung. Studien haben übrigens ergeben, dass eine Expositionstherapie in Eigenregie genau so wirksam sein kann wie von einem Therapeuten durchgeführte. Voraussetzung ist allerdings, dass man die richtigen Situationen bzw.

Reize auswählt und dass man die Exposition lange genug – und ohne irgendwelche Rituale oder Ablenkung – durchführt, damit es zur Habituation kommen kann. Vielleicht möchten Sie sich dabei von einem Angehörigen oder einem Freund unterstützen lassen, wenn Sie glauben, es allein nicht zu schaffen. Und auch wenn Sie in der Lage sind, die Konfrontationsübungen allein durchzuführen, sollten Sie sich jemanden suchen, mit dem Sie über Ihre negativen Gedanken sprechen können. Oft sind diese mit intensiven Schuld- und Schamgefühlen verbunden; darüber zu sprechen kann eine effektive Expositionsübung darstellen und zum Abbau dieser belastenden Gefühle beitragen. Sollte es in erreichbarer Nähe eine Gesprächs- oder Selbsthilfegruppe für Menschen mit Ihrer Problematik geben, so kann die Teilnahme daran ausgesprochen hilfreich sein. Und wenn Sie sehr verzweifelt sind oder allein nicht weiterkommen, sollten Sie sich natürlich an einen Spezialisten (Psychologen oder Psychiater) wenden.

Kapitel 6

Negative Gedanken auf den Prüfstand: kognitive Therapie

Lasse dich nicht durch die Wucht der Eindrücke überwältigen. Sage: «Eindruck, halte einen Augenblick ein. Ich will mir ansehen, was du bist und was du darstellst.»

Epiktet (um 55–135)

Zwar gilt die Expositionstherapie nach wie vor als die wichtigste Behandlungsform bei negativen Gedanken. Seit etwas mehr als zehn Jahren steht uns jedoch noch eine weitere Methode zur Verfügung: die kognitive Therapie. Sie empfiehlt sich vor allem für Menschen, die nicht bereit oder in der Lage sind, sich einer Expositionsbehandlung zu unterziehen. Der Grundgedanke, auf dem dieser Ansatz beruht, klingt sehr plausibel: *Wenn es sich bei Zwangsgedanken um offenkundig irrationale Gedanken handelt, warum sollte es dann nicht möglich sein, dass Betroffene direkt lernen, rationaler zu denken?* Aber wie so oft hat sich die Praxis als sehr viel schwieriger erwiesen, als die Theorie erwarten ließ.

Frühe Versuche, die kognitive Therapie, die sich zunächst in der Behandlung von Depressionen bewährt hatte, auf die Behandlung der Zwangsstörung anzuwenden, sind im Allgemeinen gescheitert. Zunächst versuchten Forscher, die von dem bekannten Psychologen Aaron Beck entwickelten Methoden, mit denen depressive Patienten lernen können, ihre irrationalen Gedanken zu erkennen und zu verändern, direkt bei Zwangspatienten einzusetzen.[1] Nach mehreren Studien, die keine eindeutigen Ergebnisse brachten, fragten sich Patricia van Oppen und Paul Emmelkamp in den Niederlanden, ob die kognitive Therapie bei Zwängen nicht mehr Erfolg haben würde, wenn man sie speziell auf die für die Betroffenen typischen irrationalen Gedanken zuschneiden würde – anstatt einfach das Standardvorgehen aus der Depressionsbehandlung zu übernehmen, wie dies zuvor geschehen war.

Die Wissenschaftler befragten zahlreiche Zwangspatienten und stellten fest, dass viele von ihnen ganz bestimmte irrationale Gedanken hatten, z. B. dass sie die Wahrscheinlichkeit bestimmter Risiken oder ihre Verantwortung für die Folgen ihres Handelns überschätzten. Auf der Grundlage dieser Untersuchungen entwickelten sie ein speziell auf Zwänge abgestimmtes kognitives Therapieprogramm und begannen, dieses in wissenschaftlichen Studien mit der bewährten Expositionstherapie sowie mit einer Placebobehandlung zu vergleichen. Zum Erstaunen aller derjenigen, für die die Exposition das A und O in der Behandlung der Zwangsstörung ist, erwies sich die kognitive Therapie – also der Versuch, dem Patienten zu vermitteln, wie er seine Gedanken *direkt* verändern kann – als genau so effektiv wie die Expositionstherapie und weitaus wirksamer als die Placebobehandlung.

Da die kognitive Therapie also ein recht vielversprechender Ansatz für die Behandlung von Patienten zu sein schien, die zu einer Expositionsbehandlung nicht bereit oder in der Lage waren, übersetzten mehrere meiner Kollegen unter der Leitung von Sabine Wilhelm das holländische Behandlungsmanual ins Englische und begannen, das Vorgehen bei unseren Bostoner Patienten zu erproben. Die Ergebnisse sind ermutigend: Anscheinend ist diese Behandlungsform hilfreich für Menschen, die unter den in diesem Buch beschriebenen negativen Gedanken leiden. Sie profitieren davon, wenn man ihnen Einblicke in ihre eigenen Denkweisen verschafft und ihnen beibringt, wie sie ihre Gedanken daraufhin überprüfen können, ob sie vernünftig und angemessen sind.

Ich werde Ihnen gleich ein Beispiel für die Anwendung kognitiver Therapie zur Behandlung negativer Gedanken geben. Zuvor ist es jedoch wichtig, sich ein Bild von den theoretischen Grundlagen zu machen, auf denen dieser Behandlungsansatz beruht.

Die kognitive Theorie der Zwangsgedanken[2]

Die kognitive Therapie zur Behandlung von Zwangsgedanken beruht auf der Vorstellung, dass *alle Menschen* gelegentlich aufdringliche, ungewollte Gedanken haben. Dieser Theorie zufolge unterscheiden sich Menschen mit Zwängen nicht in Bezug auf die Gedanken selbst von anderen Menschen (schließlich hat jeder hin und wieder aggressive oder sexuelle Gedanken), sondern in Bezug auf die *Art und Weise, wie sie auf diese Gedanken reagieren und sie interpretieren.* Während die meisten Menschen in der Lage sind, ungewollte Gedanken zu ignorieren und als unwichtig abzutun, schenkt ihnen jemand mit einer Zwangsstörung sehr viel Aufmerksamkeit und interpretiert sie als wichtig und bedeutsam. Kognitive Therapeuten gehen davon aus, dass Menschen mit einer Zwangsstörung aufgrund von Überzeugungen, zu denen sie früher im Leben durch den Einfluss von Kirche, Schule oder Familie gelangt sind, ihren Gedanken zu viel Bedeutung beimessen. Außerdem unterschätzen sie ihre eigene Fähigkeit, mit den aufdringlichen Gedanken fertig zu werden, weswegen sie versuchen, diese zu unterdrücken – was, wie wir inzwischen wissen, die Gedanken noch stärker werden lässt! Außerdem neigen sie dazu, den Situationen, die ihre negativen Gedanken auslösen, aus dem Weg zu gehen, und machen damit alles noch schlimmer. Wie wir gesehen haben, ist die Unterdrückung von Gedanken zwar eine weit verbreitete Strategie, um gegen ungewollte Gedanken anzugehen – der Schuss geht jedoch oft nach hinten los, da – wie viele Studien gezeigt haben – Gedanken, die wir zu unterdrücken versuchen (vor allem emotional besetzte), in der Folge oft noch häufiger auftreten.

Wissenschaftler aus vielen Ländern der Erde haben vor kurzem die am weitesten verbreiteten Denkfehler von Menschen mit Zwängen in bestimmte Kategorien aufgeteilt. Diese Kategorien werden in Tabelle 11 auf der folgenden Seite wiedergegeben. Bei einer kognitiven Therapie macht sich der Therapeut zunächst ein Bild davon, in welchen dieser Bereiche ein Patient Probleme hat, und geht diese Bereiche dann unter Einsatz bestimmter Methoden (die weiter unten beschrieben werden) gezielt an.

Die Überschätzung der Bedeutung von Gedanken und das Bedürfnis, sie zu kontrollieren

Dieser Denkfehler besteht darin, zu meinen, nur weil man einen bestimmten Gedanken habe, komme diesem eine Bedeutung zu. Oder nur weil man etwas Bestimmtes denke, müsse dies auch eintreten. Diese Überzeugung kann einen dazu bringen, zu versuchen, seine Gedanken vollständig unter Kontrolle bringen (ein Versuch, der, wie wir gesehen haben, von vornherein zum Scheitern verurteilt ist).

Tabelle 11
Typische Denkfehler von Menschen mit Zwängen

- bestimmten Gedanken zu viel Bedeutung beimessen
- meinen, dass man in der Lage sein muss, seine Gedanken völlig unter Kontrolle zu haben
- die Gefährlichkeit von Situationen überschätzen
- Unsicherheit nicht ertragen, nach vollkommener Sicherheit streben
- Perfektionismus – immer alles perfekt machen wollen, um vor Kritik sicher zu sein
- übertriebenes Verantwortungsgefühl – glauben, man sei für alles verantwortlich und könne immer verhindern, dass schlimme Dinge passieren

Leicht verändert aus: Wilhelm, S. (2000). Cognitive Therapy for Obsessive-Compulsive Disorder. *Journal of Cognitive Psychotherapy, 14,* 43.

Die Überschätzung von Gefahren

Menschen mit einer Zwangsstörung überschätzen oft sowohl die Gefährlichkeit bestimmter Ereignisse als auch die Wahrscheinlichkeit, dass diese eintreten. Sie betrachten eine Situation oft so lange als bedrohlich, bis sie sich vom Gegenteil überzeugt haben. Die meisten anderen Menschen gehen dagegen erst einmal davon aus, dass die Situation, in der sie sich befinden, sicher ist.

Das Nicht-ertragen-Können von Unsicherheit

Vielleicht weil Menschen mit einer Zwangsstörung dazu neigen, die Gefährlichkeit von Situationen zu überschätzen, fällt es ihnen oft schwer, in unsicheren oder uneindeutigen Situationen Entscheidungen zu treffen. Noch im Nachhinein fragen sie sich oft, ob sie sich auch wirklich richtig entschieden haben. In mehreren Forschungsarbeiten wurden Zusammenhänge zwischen Perfektionismus, der Angst vor Fehlern, der Neigung, alles was man tut, in Frage zu stellen, und Zwangssymptomen festgestellt.

Perfektionismus

In mehreren Untersuchungen zur Zwangsstörung wurde ein Zusammenhang zwischen der Unfähigkeit, Unsicherheit zu ertragen, und einem starken Perfektionismus gefunden. Beispielsweise besteht bei vielen Zwangsbetroffenen die Überzeugung, alles perfekt machen zu müssen, wenn sie sich nicht der Kritik anderer aussetzen wollen.

Übertriebenes Verantwortungsgefühl

Auch wenn Sie der Meinung sind, es läge grundsätzlich in Ihrer Hand und in Ihrer Verantwortung, dafür zu sorgen, dass nichts Schlimmes passiert, auch dann sind Sie vermutlich einem Denkfehler aufgesessen. Da sich viele – wenn nicht sogar die meisten – Dinge, die für unser Leben entscheidend sind, unserer Kontrolle entziehen, führt ein übertriebenes Verantwortungsgefühl oft zu Schuldgefühlen, wenn uns oder unseren Angehörigen Schlechtes widerfährt (auch wenn wir in Wirklichkeit nichts hätten tun können, um es abzuwehren).

Fallbeispiel: Kognitive Therapie bei sexuellen Zwangsgedanken

Um an einem konkreten Beispiel zu verdeutlichen, wie die genannten Denkfehler in der kognitiven Therapie angegangen werden können, bat ich Sabine Wilhelm, einen Patienten vorzustellen, der mit Hilfe kognitiver Methoden seine negativen Gedanken in den Griff bekommen hatte. Sie berichtete mir von einem jungen Mann, den sie vor einiger Zeit behandelt hatte und der gut auf eine kurze kognitive Therapie angesprochen hatte. An diesem Fall lassen sich die verschiedenen Elemente dieser Behandlungsmethode gut veranschaulichen. Herr C. hatte Frau Wilhelm aufgesucht, weil er unter sexuellen Gedanken in Bezug auf die eigene Mutter litt. Diese Gedanken hatten ein derartiges Ausmaß erreicht, dass er kein normales Leben mehr führen konnte. Als er in die Behandlung kam, war er ununterbrochen mit dem krampfhaften Versuch beschäftigt, die Gedanken aus seinem Kopf zu verdrängen. Außerdem hatte er seit zwei Tagen nichts gegessen. Er glaubte, sich keinerlei Vergnügen – vom Kaufen neuer Kleidung bis hin zu sexueller Betätigung – gönnen zu dürfen, da dies negative Gedanken nach sich ziehen würde. Meine Kollegin hatte nur zwei Monate Zeit, um mit Herrn C. zu arbeiten, da er danach eine längere Reise in sein Heimatland antreten würde. Nach nur acht Sitzungen mit kognitiver Therapie stellte Herr C. einen deutlichen Rückgang seiner Inzestgedanken fest. Auch bei einem Besuch bei seiner Familie hatte er nur wenige negative Gedanken und das Zusammensein mit seiner Mutter fiel ihm viel leichter als zuvor.

Wie mir Frau Wilhelm berichtete, war dieser rapide Fortschritt vor allem darauf zurückzuführen, dass Herr C. die kognitive Theorie der Zwangsgedanken begriffen hatte. Entscheidend sei gewesen, ihm die wissenschaftlich untermauerte Erkenntnis nahe zu bringen, dass alle Menschen gelegentlich negative Gedanken aggressiver und sexueller Art haben. Zu hören, dass *jeder* hin und wieder «verrückte» Gedanken hat und dass er sich nur darin von anderen Menschen unterschied, wie er auf diese Gedanken reagierte, war eine regelrechte Offenbarung für Herrn C. Jahrelang hatte er gedacht, dass er inzestuöse Gedanken hatte, weil er entweder ein schlechter Mensch oder pervers war. Jetzt erfuhr er, dass dies nicht der Fall war. Er hatte auch in der Überzeugung gelebt, dass er seine negativen Gedanken bestimmt eines Tages in die Tat umsetzen würde. Jetzt wurde ihm klar, dass auch dies nicht stimmte.

Diese Einsichten befreiten Herrn C. langsam aus dem inneren Gefängnis, in das er sich eingemauert hatte. Vor der Behandlung hatte er sich im Kampf gegen seine negativen Gedanken ständig stärker einschneidende Beschränkungen auferlegt. Bei Beginn der Therapie war er so weit, dass er *jeglichen* Kontakt zu Frauen vermied. Wilhelm hob hervor, wie erleichtert Herr C. war, als er hörte, dass es in der Therapie nicht darum ging zu versuchen, sexuelle Gedanken von sich fernzuhalten (selbst wenn in diesen Gedanken Familienangehörige vorkamen). Vielmehr musste er aufhören, sich wegen dieser Gedanken Vorwürfe zu machen und sich für ihr Auftreten zu bestrafen. Dieses Grundprinzip war so hilfreich, dass es im Laufe der acht Sitzungen immer wieder einmal zur Sprache gebracht wurde.

Zu Beginn der Therapie war Herr C. außerstande, einkaufen zu gehen, aß nur in Anwesenheit seiner Frau und hatte kaum Umgang mit anderen Menschen. Wenn ihm ein negativer Gedanke kam, während er gerade etwas Schönes tat, war die entsprechende Aktivität für ihn «gestorben». Allen Betätigungen, bei denen er irgendwann einmal einen negativen Gedanken gehabt hatte, ging er in der Folge aus dem Weg.

Bei der ersten Sitzung gab Herr C. an, dass er fast den ganzen Tag lang negative Gedanken hatte. Er litt stark unter ihnen und war kaum in der Lage, sich bei der Arbeit oder zu Hause zu konzentrieren. (Er gab auch an, unter Angst vor Ansteckung mit irgendeiner Krankheit zu leiden, was dazu führte, dass er sich exzessiv wusch. Außerdem hatte er auch ein Problem mit Körperausscheidungen und mit Insekten und vermied öffentliche Toiletten. Diese anderen Probleme waren jedoch längst nicht so belastend für ihn wie die Inzestgedanken.)

Herr C. war noch nie zuvor in psychiatrischer Behandlung gewesen und wollte keine Medikamente nehmen. Seine Ehe war intakt – abgesehen davon, dass seine Frau zunehmend unter den Folgen der Zwangssymptome ihres Mannes litt. Herr C. beschrieb seinen Vater als einen Mann «mit sehr hohen moralischen Maßstäben» und seine Mutter als eine «Heilige». Sie war der Mensch, den er am meisten auf der Welt liebte und achtete. Entsprechend den Gepflogenheiten seines Herkunftslandes wurde zu Hause niemals über sexuelle Themen gesprochen.

Er war streng religiös erzogen worden und hatte gelernt, dass er keine «unnormalen» sexuellen Gedanken haben durfte. Deswegen bereiteten ihm seine inzestuösen Gedanken in Bezug auf seine Mutter und seine Schwester starke Scham- und Schuldgefühle. Er sagte seiner Therapeutin, dass es ihm *nur durch Aufbieten all seiner Willenskraft gelang, seine negativen Gedanken unter Kontrolle zu bringen,* und dass er jedes Mal sehr nervös wurde, wenn der Versuch, die Gedanken von sich fern zu halten, scheiterte.

Für Herrn C. bedeutete das Auftreten seiner inzestuösen Gedanken, dass er ein schlechter Mensch war und dass irgendetwas Fürchterliches passieren würde, wenn er es nicht schaffen sollte, diese Gedanken in den Griff zu bekommen. So lange es die negativen Gedanken gab, würde er keinen inneren Frieden finden. Seiner Meinung nach war es gefährlich, die Gedanken einfach kommen und gehen zu lassen und ihnen nichts entgegenzusetzen. Deshalb versuchte er stets, sie zu unterdrücken. Frau Wilhelm, die seine Geschichte aus der Perspektive einer erfahrenen kognitiven Therapeutin anhörte, erkannte gleich, dass Herr C. eine Reihe von falschen Vorstellungen und Überzeugungen hatte, aufgrund derer er seine negativen Gedanken so interpretierte, dass sie starke Ängste und Schuldgefühle bei ihm hervorriefen. Im Weiteren wird ausführlich dargestellt, welche kognitiven Techniken in der Behandlung eingesetzt wurden, um diese falschen Vorstellungen und Überzeugungen zu korrigieren.

Behandlung. Am Anfang war es Herrn C. sehr peinlich, über seine negativen Gedanken zu sprechen. Um es ihm leichter zu machen, bemühte sich Wilhelm darum, herzlich, positiv und verständnisvoll auf ihn einzugehen. Sie zeigte sich zuversichtlich, was die Erfolgsaussichten der Behandlung anging, und betonte, wie wichtig es sei, dass er in der der Therapie gut mitarbeitete.

In der ersten Sitzung lernte Herr C. die kognitive Theorie der Zwangsstörung kennen. Wilhelm verhalf ihm zu einer neuen Sichtweise seiner negativen Gedanken – dass es sich nicht um ein absonderliches Symptom handelte, sondern um ein ganz normale Erscheinung, die bei den meisten Menschen hin und wieder auftritt (Wilhelm erwähnte an dieser Stelle die in verschiedenen Ländern der Welt durchgeführten Studien, die gezeigt haben, dass negative Gedanken etwas allgemein Menschliches sind). Dann half sie ihm, sich über die Umstände klar zu werden, die dazu beitrugen, dass er seine Gedanken als so bedrohlich interpretierte (seine Erfahrungen im Elternhaus, ob er angespannt oder depressiv war, aktuelle Stressfaktoren in seinem Leben). Außerdem erklärte sie ihm, dass er durch das Vermeiden von bestimmten Situationen und den Versuch, die Gedanken zu unterdrücken, ungewollt zu deren Aufrechterhaltung beitrug.

In den weiteren Behandlungssitzungen lernte Herr C., ungünstige Reaktionen auf aufdringliche Gedanken zu erkennen und diese Gedanken anders zu deuten, wobei ihm die sokratische Fragetechnik half. Zum Beispiel: «Ist deine Bewertung dieses Gedankens hilfreich? Ist sie realistisch? Was würdest du einem anderen Patienten mit Zwangsgedanken dazu sagen?» Herr C. wurde auch angehalten, Gedankenprotokolle anzufertigen, die ihm dabei halfen, seine irrationalen und negativen Bewertungen der negativen Gedanken zu erkennen und rationalere Alternativen zu entwickeln. Mit diesen Gedankenprotokollen arbeitete er sowohl in den Therapiesitzungen als auch dazwischen (als Hausaufgaben).

Mit Hilfe dieser Aufzeichnungen machte sich die Therapeutin ein Bild davon, welche von den Denkfehlern ihres Patienten am problematischsten waren. Sie beschloss, zunächst seine Neigung anzugehen, seine Gedanken kontrollieren zu wollen und ihre Bedeutung zu überschätzen, da dies die Bereiche waren, in denen Herr C. die größten Probleme hatte. Später wurde dann seine Tendenz ins Visier genommen, die Wahrscheinlichkeit und die Gefährlichkeit negativer Ereignisse zu überschätzen.

Im Laufe der acht Sitzungen vermittelte die Therapeutin Herrn C. eine ganze Reihe kognitiver Techniken. Diese konnten teilweise gleich gegen mehrere Denkfehler eingesetzt werden, beispielsweise die Auflistung der Vor- und Nachteile, die mit einer bestimmten Sichtweise verbunden waren. Andere Techniken zielten auf einen ganz bestimmten Denkfehler ab, beispielsweise der Gedanken-Unterdrückungs-Test, mit dem man direkt ausprobieren kann, welche paradoxen Auswirkungen es hat, wenn man versucht, seine Gedanken zu unterdrücken. Zwischen den Therapiesitzungen führte Herr C. verschiedene Experimente durch, um das in den Sitzungen Besprochene für sich selbst zu überprüfen.

In der letzten Sitzung lag der Schwerpunkt darauf, Herrn C. auf ein mögliches Wiederauftauchen von Symptomen in der Zukunft vorzubereiten. Wilhelm erklärte, dass mit einem gelegentlichen Aufflackern der Zwangsgedanken zu rechnen sei, dass Herr C. jedoch dann wissen würde, wie er mit ihnen umgehen konnte. Sie empfahl ihm, die Arbeit an seinen Gedanken nach Ende der Behandlung fortzusetzen und besprach mit ihm verschiedene Techniken für den Umgang mit Schwierigkeiten und Rückschlägen.

Es folgt eine Darstellung einzelner kognitiver Techniken, die Herrn C. im Laufe seiner Behandlungen vermittelt wurden. Probieren Sie diese Techniken ruhig selbst einmal aus, wenn Sie unter negativen Gedanken leiden. Es kann gut sein, dass sie Ihnen helfen.

Das Gedankenunterdrückungs-Experiment. Der kognitiven Theorie zufolge lag es an *der Art und Weise, wie Herr C. auf seine sexuellen Gedanken reagierte,* dass sie zu einem Problem für ihn geworden waren. Da er diese Gedanken sehr ernst nahm und sie für äußerst verwerflich hielt, litt er sehr unter ihnen und versuchte, sie zu unterdrükken. Leider musste er dabei feststellen, dass es für uns Menschen so gut wie unmöglich ist, bestimmte Gedanken von uns fern zu halten.

Um ihm zu zeigen, wie schwer es ist, seine Gedanken zu kontrollieren, forderte die Therapeutin Herrn C. auf, *eine volle Minute lang ununterbrochen an eine Giraffe zu denken* (lassen Sie jemand anderen die Zeit stoppen, wenn Sie diese Übung ausprobieren). Jedes Mal, *wenn die Giraffe aus seinen Gedanken verschwand,* sollte er die Hand heben. Wie Wilhelm erwartet hatte, fiel es Herrn C. schwer, sich die ganze Minute lang auf die Giraffe zu konzentrieren, und er hob mehrmals die Hand. Als nächstes bat die Therapeutin Herrn C., genau das Gegenteil zu tun und eine Minute lang *nicht* an eine Giraffe zu denken. Jedes Mal, wenn ihm der Gedanke an eine Giraffe durch den Kopf ging, sollte er wieder die Hand heben. Auch dieses Mal hob Herr C. immer wieder die Hand. Während er versuchte, nicht an eine Giraffe zu denken, tauchte sie sogar häufiger statt seltener in seinen Gedanken auf. Die Therapeutin besprach im Anschluss daran mit Herrn C., was das Ergebnis dieses Experiment für ihn und sein Bemühen, seine sexuellen Gedanken zu unterdrücken, bedeutete. Herr C. pflichtete der Therapeutin bei: Es war klar, dass das Unterdrücken von Gedanken kein besonders geeignetes Vorgehen ist, da die Gedanken dadurch nur noch häufiger werden.

Aufklärung über psychologische Zusammenhänge (psychoedukatives Training). Die falschen Überzeugungen, die Herr C. hatte, konnten mit Hilfe von Faktenwissen über sexuelle Gedanken, Fantasien und Erregung abgebaut werden. So erfuhr er beispielsweise, dass das Spektrum an Dingen, die bei Menschen sexuelle Reaktionen auslösen können, sehr breit ist, und dass einige dieser Dinge überhaupt nichts mit Sexualität zu tun haben. Die Therapeutin regte Herrn C. dazu an, sich Aufklärungsbücher aus der Bibliothek auszuleihen, um mehr über sexuelle Vorstellungen und die physiologischen Grundlagen der Sexualität zu erfahren. Zunächst war es ihm sehr peinlich, etwas über dieses Thema zu lesen, aber er überwand seine Scham und las mehrere Bücher, was zu einem weiteren Abbau seiner verhängnisvollen Interpretationen sexueller Fantasien beitrug.

Die Pfeil-abwärts-Methode. Herr C. fand die Pfeil-abwärts-Methode[3] besonders hilfreich. Nachdem er einen konkreten negativen Gedanken benannt hatte, fragte ihn die Therapeutin immer weiter nach der Bedeutung dieses Gedanken. «Und wenn dieser Gedanke wahr wäre, was würde das bedeuten?», fragte sie immer weiter, bis seine grundlegenden Überzeugungen ans Licht kamen. Tabelle 12 gibt ein Beispiel:

Tabelle 12
Die Pfeil-abwärts-Methode

Inzestgedanken oder -vorstellungen
⇓
Diese Gedanken sind abscheulich.
⇓
Ich muss diese Gedanken loswerden.
⇓
Wenn ich diese Gedanken nicht in den Griff bekomme, werde ich sie eines Tages in die Tat umsetzen.
⇓
Ich bin ein schlechter Mensch.

Analyse von Vor- und Nachteilen der Unterdrückung negativer Gedanken. Die Therapeutin forderte Herrn C. auf, seine Überzeugung, er müsse seine negativen Gedanken unterdrücken, kritisch zu hinterfragen.

Dazu listete Herr C. erst einmal alle Vor- und Nachteile auf, die mit dieser Überzeugung verbunden waren. Im Anschluss daran half ihm die Therapeutin, die aufgeführten Vorteile mit Hilfe einer Fragetechnik, die als sokratische Methode bezeichnet wird, kritisch zu überprüfen. Auf diese Weise konnte sie Herrn C. davon überzeugen, dass es das Beste für ihn sei, seine negativen Gedanken nicht mehr zu bekämpfen (da dies sowieso ein aussichtsloses Unterfangen war und ihm mehr Nachteile als Vorteile einbrachte). Diese Einsicht zog einen erheblichen Rückgang seiner Zwangsgedanken nach sich.

Durchführung von Verhaltensexperimenten. Unter Einsatz der Pfeil-abwärts-Methode war zutage getreten, dass eine der für Herrn C. schlimmsten Befürchtungen darin bestand, er könne eines Tages seine inzestuösen Gedanken in die Tat umsetzen, falls es ihm nicht gelingen sollte, sie in den Griff zu bekommen. Die Therapeutin half Herrn C., sich von dieser Vorstellung freizumachen, indem sie ihm anhand von Beispielen aus dem Alltag verdeutlichte, dass Dinge nicht dadurch wahrscheinlicher werden, dass man an sie denkt. Ob es zum Beispiel darum ging, Zug zu fahren und daran zu denken, die Zunge herauszustrecken, oder im Wartezimmer zu sitzen und daran zu denken, alle herumliegenden Zeitschriften in den Papierkorb zu werfen – Herr C. räumte ein, dass der Gedanke an diese Dinge es nicht wahrscheinlicher machte, dass sie tatsächlich eintraten. Er wurde aufgefordert, diese Erkenntnis mit Hilfe kleiner Verhaltensexperimente selbst zu überprüfen. So sollte er zum Beispiel ausprobieren, ob der Gedanke daran, nackt im Wartezimmer des Behandlungszentrums herumzutanzen, ihn dazu bringen würde, es auch tatsächlich zu tun (tat es nicht!).

Er wurde aufgefordert, sich bei diesen Experimenten in die Rolle eines Wissenschaftlers zu versetzen, der auf der Suche nach Belegen war, die seine Hypothese entweder bestätigten oder widerlegten. Herr C. begann also wie ein Wissenschaftler mit einer bestimmten Vorhersage (z. B. «Wenn ich an etwas Sexuelles, Unmoralisches oder Peinliches denke, schaffe ich es nicht, mich davon abzuhalten, es auch zu tun») und beurteilte, wie stark er von dieser Theorie überzeugt war. Nach Durchführung des Experimentes nahm er sich gemeinsam mit seiner Therapeutin seine Vorhersage noch einmal vor und verglich sie mit den Ergebnissen des Experiments. Mit Hilfe dieses wissenschaftlichen Vorgehens wurde Herrn C. langsam klar, dass seine Theorien und Vorhersagen den objektiven Belegen nicht standhielten. An etwas zu denken hieß noch lange nicht, dass es auch eintrat. Auf die Dauer blieb ihm nichts anderes übrig, als seine Überzeugungen mit den Erkenntnissen aus den Experimenten in Einklang zu bringen.

Das Hinterfragen grundlegender Ansichten. Die Anwendung der Pfeil-abwärts-Methode hatte die Überzeugung «Ich bin ein schlechter Mensch» zutage gebracht. Die Therapeutin verhalf Herrn C. dazu, sich dieser Überzeugung bewusst zu werden, und brachte ihm dann vorsichtig die Vorstellung nah, dass eine andere Überzeugung zutreffender sein könnte: «Ich bin jemand, der extrem darauf bedacht ist, nichts Unmoralisches zu tun.» Gemeinsam überlegten sie, ob es – abgesehen von den aufdringlichen Gedanken – noch irgendwelche anderen Anhaltspunkte dafür gab, dass Herr C. ein schlechter Mensch sein könne. Mit Hilfe dieser Strategie gelangte Herr C. zu einer realistischeren Sicht seiner eigenen Person. Nach und nach kam er zu dem Schluss, dass er wohl doch kein so schlechter Mensch war, wie er in seinem Innersten immer geglaubt hatte.

Methode des kognitiven Kontinuums. Eine weitere Methode, die eingesetzt wurde, um Herrn C. von seiner Überzeugung abzubringen, ein schlechter Mensch zu sein, war die Methode des kognitiven Kontinuums[4]. Dazu schätzte er auf einer Skala zwischen 0 (moralischster Mensch aller Zeiten) bis 100 (unmoralischster Mensch aller Zeiten) ein, für wie schlecht er sich wegen seiner negativen Gedanken hielt. Danach forderte Sabine Wilhelm ihn auf, einen Massenmörder, Vergewaltiger usw. auf der gleichen Skala einzuschätzen. Nach jedem neuen Beispiel schätzte Herr C. seine eigene «Schlechtigkeit» neu ein. Dadurch kam er schließlich zu der Einsicht, dass die ungewollten inzestuösen Gedanken vergleichsweise harmlos waren – jedenfalls längst nicht so verwerflich, wie er ursprünglich geglaubt hatte.

Berechnung der tatsächlichen Wahrscheinlichkeit von Risiken. Wie bereits gesagt, litt Herr C. auch unter der Ansteckungsängsten und einem damit einhergehenden Waschzwang, wenngleich diese Schwierigkeiten nicht so ausgeprägt waren wie seine sexuellen Zwangsgedanken. Die oben beschriebenen Techniken und Verhaltensexperimente wurden auch zur Behandlung der Ansteckungsängste eingesetzt. Mit Hilfe der Therapeutin verglich Herr C. seine ursprüngliche Einschätzung der Wahrscheinlichkeit eines Risikos (z. B. einer Infektion) mit den multiplizierten Wahrscheinlichkeiten der einzelnen Ereignisse, die eintreten mussten, damit es zu dem gefürchteten Ereignis kam. Dazu schätzte er zunächst einmal die Wahrscheinlichkeit des gefürchteten Ereignisses ein. Zusammen mit der Therapeutin führte er dann alle Einzelereignisse auf, die Voraussetzung dafür waren, dass dieses gefürchtete Ereignis eintrat. Danach wurde die Wahrscheinlichkeit jedes einzelnen Ereignisses eingeschätzt. Mit Hilfe eines Taschenrechners errechne Herr C. dann die Gesamtwahrscheinlichkeit des gefürchteten Ereignisses, indem er die Wahrscheinlichkeiten der Einzelereignisse miteinander multiplizierte. Zum Schluss verglich Herr C. dann diese Gesamtwahrscheinlichkeit mit seiner ursprünglichen Einschätzung des Risikos. Beispielsweise hatte Herr C. die Wahrscheinlichkeit, sich mit Aids infizieren zu können, wenn er seinem Zahnarzt die Hand gab, auf 30 Prozent eingeschätzt. Gemeinsam mit der Therapeutin berechnete Herr C. die Wahrscheinlichkeit der einzelnen Ereignisse, die eintreten mussten, damit sich seine Befürchtung bewahrheitete, sowie die sich ergebende Gesamtwahrscheinlichkeit.

Tabelle 13
Berechnung der tatsächlichen Wahrscheinlichkeit von Risiken

Ereignis	Wahrscheinlichkeit dieses Ereignisses	Kumulative Wahrscheinlichkeit aller Ereignisse[5]
(1) Der Zahnarzt muss HIV-positives Blut an den Händen haben.	1 zu 1.000	1 zu 1.000
(2) Ich komme beim Händeschütteln mit diesem Blut in Berührung.	1 zu 10	1 zu 10.000
(3) An der Stelle, die mit dem Blut in Berührung kommt, ist meine Haut verletzt.	1 zu 10	1 zu 100.000
(4) Es kommt zu einer HIV-Infektion.	1 zu 10	1 zu 1.000.000
(5) Die HIV-Infektion führt zu Aids.	1 zu 10	1 zu 10.000.000

Herr C. war sehr überrascht, als er feststellte, wie niedrig die tatsächliche – auf der Grundlage seiner eigenen Einschätzungen ermittelte – Gefahr war, sich mit Aids anzustecken, wenn er dem Zahnarzt die Hand gab: 0,00001 Prozent – verschwindend gering also im Vergleich zu seinen ursprünglich geschätzten 30 Prozent.

Ergebnis der Behandlung. Zu Beginn der Behandlung hatte Herr C. einen YBOCS-Wert von 35, was für das Vorliegen einer sehr schweren Zwangsstörung sprach. Nach kurzer Zeit war der Wert auf 18 zurückgegangen – eine deutliche Verbesserung. Dies bedeutete einen Symptomrückgang von fast 50 Prozent, so dass man von einer erfolgreichen Behandlung sprechen konnte. Herr C. selbst schätzte sich nach Abschluss der Behandlung als «deutlich gebessert» ein.

Als er zwei Monate nach der Behandlung zur Nachuntersuchung kam, hatte er weitere Fortschritte gemacht. Sein YBOCS-Wert war auf 8 gefallen, was bedeutete, dass er nur noch sehr leichte Zwangssymptome aufwies. Insgesamt schätzte sich Herr C. als «sehr stark gebessert» ein.

Wenngleich die ersten Untersuchungen zum Einsatz kognitiver Therapie bei negativen Gedanken durchaus ermutigende Ergebnisse erbracht haben, so ist doch die Expositionstherapie nach wie vor die wichtigste psychologische Behandlungsmethode bei dieser Problematik. Wenn jedoch ein Patient, der unter negativen Gedanken leidet, nicht bereit oder in der Lage ist, die notwendigen Konfrontationsübungen zu machen, verfügen wir mit der kognitiven Therapie über eine hilfreiche Alternative. Beispielsweise sagte mir Frau Dr. Wilhelm, dass die sexuellen Zwangsgedanken von Herrn C. wohl auch mit Hilfe von Expositionstherapie zu behandeln gewesen wären – Zusammensein mit der Mutter, gegebenenfalls ergänzt durch das Anhören eines auf Band gesprochenen Inzest-Szenarios (siehe Kapitel 5). Sie bezweifelte jedoch, dass Herr C. sich auf einen solchen Behandlungsansatz voll eingelassen hätte.

Bei einer vor kurzem in unserem Zentrum durchgeführten Befragung fand Sabine Wilhelm heraus, dass viele ihrer Patienten den kognitiven Therapieansatz als ersten Schritt der Behandlung besser annehmen konnten. Wenn sie dann ihre eigenen Gedanken und Überzeugungen besser verstanden, waren sie zu einem großen Teil auch eher bereit, sich auf Expositionsübungen einzulassen. In einigen Fällen sprechen die Zwangssymptome jedoch auch auf kognitive Therapie allein sehr gut an, so etwa bei einer von Sabine Wilhelms Patientinnen, die unter der zwanghaften Vorstellung litt, sie könnte lesbisch sein. Bei ihr reichte es schon aus, dass sie sich mit Hilfe der kognitiven Theorie der Zwangsstörung klarmachte, warum sie diese Gedanken hatte. Alles andere ging dann fast von allein.

Vielleicht ist Ihnen selbst schon aufgefallen, dass es eigentlich gar nicht möglich ist, kognitive Therapie zu betreiben, ohne konfrontative Elemente einzuführen. Im Falle von Herrn C. beispielsweise stellte das Besprechen der Inzestgedanken mit der Therapeutin eine Form von Exposition dar, die zweifellos eine gewisse Habituation der Ängste und Schuldgefühle bewirkte, die diese Gedanken dem Patienten bereiteten. Dies ist einer der Gründe, warum ich Ihnen empfehlen würde, dass Sie sich, auch wenn Sie allein an Ihren negativen Gedanken arbeiten wollen, jemanden suchen sollten, mit dem Sie über diese Gedanken sprechen können, zum Beispiel eine gute Freundin, ein Familienmitglied oder einen Geistlichen.

Unsere ersten Studien zur kognitiven Therapie der negativen Gedanken zeigen, dass es sich dabei offensichtlich um einen hilfreichen Ansatz handelt. Allerdings wissen wir noch nicht genau, wie effektiv diese Behandlungsform ist, wenn sie in Eigenregie durchgeführt wird. Wenn Sie also glauben, dass Sie von kognitiver Therapie profitieren könnten, aber feststellen, dass Sie mit den hier dargestellten Methoden allein nicht zurechtkommen, sollten Sie nach einem qualifizierten Therapeuten Ausschau halten, der Erfahrung mit diesem Ansatz hat.

Kapitel 7

Blasphemische Gedanken

Keine Krankheit des Geistes ... ist so schwer zu heilen wie diejenige, auf der die Last der Schuld liegt; in diesem Fall sind wir den Einwirkungen sowohl unseres Gemüts als auch unseres Gewissens ausgesetzt ... Die Abergläubischen sind oft melancholisch und die Melancholischen fast immer abergläubisch.

Samuel Johnson (1709-1784)

Martin Luther wurde von dem Drang gepeinigt, Gott und Jesus zu verfluchen. Selbst beim Beten musste er ständig an den Teufel denken.[1] Der Heilige Ignatius konnte nicht auf zwei Strohhalme treten, die ein Kreuz bildeten, da dies ein Mangel an Achtung vor dem gekreuzigten Jesus bedeutet hätte.[2] In seinem Klassiker «Die Anatomie der Melancholie» schrieb Robert Burton 1621 von einem unglücklichen Zeitgenossen, der «während er beim Hören einer Predigt in einer Menge schweigender Menschen saß, befürchtete, er könnte plötzlich laut losreden und etwas Anstößiges sagen». Und John Moore, der Bischof von Norwich, sprach 1691 in einer Predigt, die er vor Queen Mary II. hielt, über «religiöse Melancholie» und über tief gläubige Menschen, die «von gemeinen und manchmal gotteslästerlichen Gedanken gepeinigt werden» – trotz ihres großen Bemühens, sich ihrer zu erwehren.[3]

Wenn negative Gedanken sich auf religiöse Überzeugungen beziehen, ist das Leid, das sie verursachen, oft besonders groß und die Behandlung schwierig. Aus diesem Grund gehe ich erst an dieser Stelle, nach der Beschreibung der Standardbehandlung von Zwangsgedanken, auf diesen komplizierten «Sonderfall» negativer Gedanken ein.

Wohl niemand hat so viel Erfahrung in der Behandlung von religiösen Zwangsgedanken wie mein langjähriger Freund und Mentor vom *Massachusetts General Hospital* William E. Minichiello. Als katholischer Priester mit jahrzehntelanger Erfahrung in der Behandlung von Menschen mit Zwangsgedanken hat Minichiello ein ganz besonderes Verständnis für diese Problematik. Daher schicke ich meine Patienten, die aufgrund von negativen Gedanken mit ihrem Glauben in Konflikt kommen, oft für eine oder mehrere Sitzungen zu ihm. Das größte Problem von Menschen, die unter gotteslästerlichen Zwangsgedanken leiden, sieht er in einer «völlig untheologischen Sicht Gottes».

Vor nicht allzu langer Zeit schickte ich Frau J. – die junge Frau, die sowohl unter negativen Gedanken als auch unter PTBS-Symptomen litt – zu Minichiello, damit sie mit ihm über ihre Vorstellung sprechen konnte, als Sünderin nach ihrem Tod in die Hölle zu kommen. Frau J. war katholisch erzogen worden, war jeden Sonntag mit ihrer Familie zur Messe gegangen. Man hatte ihr beigebracht, dass böse Gedanken genau so sündig seien wie böse Taten. So lange sie zurückdenken konnte, hatte sie stets geglaubt, wegen ihrer schlechten Gedanken irgendwann in der Hölle zu landen. Um Frau J. den Schritt zu erleichtern, mit Minichiello zu sprechen, war ich beim ersten Mal mit dabei, stellte die beiden einander vor und hörte mir das Gespräch an. Minichiellos freundliche, verständnisvolle Art und seine klugen Worte bewirkten, dass sich Frau J. nach und nach entspannte und Vertrauen zu ihm fasste. Sie begann, ihm all die Fragen zu stellen, die ihr schon seit vielen Jahren auf der Seele brannten.

Um ihre «untheologische Sicht Gottes» zu korrigieren, versuchte Minichiello zunächst, Frau J. davon zu überzeugen, dass Gott kein Ungeheuer ist. Er ist anders als wir Menschen, die wütend werden und nach Rache streben. Statt dessen wird Gott, wie Minichiello immer wieder hervorhob, in der Heiligen Schrift als Gott der Liebe dargestellt. Da Frau J. Christin war, fragte er sie: «Woher kennen wir Gott? Wir kennen ihn durch Jesus – und wie hat Jesus den Vater beschrieben? Als Gott der Liebe.» Er nannte ihr verschiedene Beispiele, zum Beispiel das Gleichnis vom verlorenen Sohn: Trotz all der schlechten Dinge, die sein Sohn getan hatte, vergab der Vater ihm und richtete ein großes Fest aus, als der verloren Geglaubte heimkehrte. Die Botschaft meines Kollegen an Frau J. war, dass Gott ein Gott der Liebe sei – vorbehaltloser, bedingungsloser Liebe. Minichiello beantwortete geduldig alle Fragen, die Frau J. ihm stellte und versicherte ihr immer wieder, dass sie Gottes Liebe nie verlieren würde, so lange sie nicht *absichtlich* etwas tat, von dem sie wusste, dass es verwerflich war – beispielsweise jemanden zu töten – und dann keine Reue zeige. Negative Gedanken hingegen seien keine Sünde, sondern das Produkt eines Fehlers im Gehirn – der Zwangsstörung. Als sie ihm von ihren verschiedenen negativen Gedanken erzählte, versicherte er ihr immer wieder, dass an ihnen nichts Sündhaftes sei – selbst nicht an den grausamsten und abartigsten. Nichts – so sagte er – würde sie von Gott trennen können. Vor allem hätten ihre Gedanken nichts mit ihr als Mensch zu tun – sie waren schlicht eine Folge der Störung, unter der sie litt. Er wies darauf hin, dass Menschen, die wirklich unmoralisch waren, sich im Gegensatz zu ihr durch derartige negative Gedanken *überhaupt nicht stören ließen*. Man könnte sagen, dass Minichiello Frau J. eine spezielle Form der oben beschriebenen kognitiven Therapie angedeihen ließ – wie dies geistliche Berater seit Menschengedenken tun.

Nach ihrem Termin bei Minichiello teilte mir Frau J. mit, dass sie ein bisschen weniger davon überzeugt sei, in die Hölle zu kommen, und dass ihre Ängste zurückgegangen waren. In den folgenden Wochen besprach sie ihre Befürchtungen weiter mit einem Priester, den ihr Minichiello empfohlen hatte, und fühlte sich sicher genug, um ihre Gedanken – die sie nun nicht mehr als sündhaft ansah – direkt mit den Methoden der Expositionstherapie anzugehen. Obwohl noch ein langer Weg vor ihr liegt, blickt sie nun zum ersten Mal seit langer Zeit wieder zuversichtlich in die Zukunft.

Als ich mit Minichiello über Frau J. sprach, wies er darauf hin, dass Leute wie sie in der Regel besonders *sensibel* seien – auch in Bezug auf ihren Glauben und ihre Einstellung zu Gott. Als ich das hörte, musste ich an die Teilnehmer meiner Gesprächsgruppe denken, die als Kind sehr sensibel gewesen waren (siehe Kapitel 4). Es schien alles zusammenzupassen – möglicherweise liegt hier der Grund, warum sie als Erwachsene so streng und unerbittlich gegen sich selbst sind.

Zwangsgedanken mit religiösen Inhalten haben eine ganz besondere Qualität, was – worauf Minichiello mahnend hinweist – nicht vergessen werden darf. Als Beispiel beschrieb er einen christlichen Patienten, der unter blasphemischen Gedanken und Impulsen litt. Der Patient glaubte, dass diese Gedanken das Werk Satans waren: Gedanken wie «Ich hasse Gott», sexuelle Gedanken oder Vorstellungen, die sich auf biblische Gestalten bezogen, Gedanken an eine Entweihung des Brotes und des Weines aus der Abendmahlfeier und Impulse, das Kruzifix von der Wand zu reißen und zu zerschmettern. Vor Beginn einer Expositionsbehandlung erkläre ich meinen Patienten in der Regel, dass ihnen – wie sie selbst sehen würden – nichts Schlimmes passiere, wenn sie sich den gefürchteten Situationen aussetzten. Aber der Patient, über den Minichiello sprach, befürchtete, dass die Bestrafung möglicherweise erst sehr viel später erfolgt, vielleicht erst nach seinem Tod. Da hier also Befürchtungen im Spiel sind, die – zumindest in diesem Leben – nicht direkt überprüft werden können, muss der Patient dem glauben, was Minichiello oder andere geistliche Berater ihm sagen. Ansonsten wird er nicht bereit sein, sich auf eine Expositionstherapie einzulassen.

Minichiello warnt davor, *jemanden, der weiterhin glaubt, dass seine Gedanken und die Expositionsübungen Sünde oder Teufelswerk seien, dazu zu bringen, sich einer Expositionsbehandlung für diese Gedanken zu unterziehen*. Er hat zu viele Fälle gesehen, in denen sich die Verfassung von Patienten, die gegen ihre religiöse Überzeugung zu einer Konfrontationstherapie gedrängt wurden, dadurch verschlechtert hat. Minichiello ermahnt Therapeuten dazu, zunächst sicherzustellen, dass ihre Patienten *nicht wirklich glauben*, mit einer Expositionsübung eine Sünde zu begehen. Die erste Pflicht jedes Behandlers ist es – nach Hippokrates –, seinem Patienten keinen Schaden zuzufügen. Die entscheidende Frage, die Minichiello seinen Patienten stellt, lautet: «Glauben Sie wirklich, dass Gott Sie für das Denken dieser Dinge bestrafen wird?»

Ein weiterer Experte für religiöse Zwangsgedanken – Joseph Giarrocchi vom *Loyola College* in Maryland – schrieb vor kurzem in unserem Lehrbuch über die Zwangsstörung etwas, was den Aussagen Minichiellos sehr nahe kommt:

> Die hartnäckigsten Symptome bei der Zwangsstörung fallen oft in die Kategorie der *überwertigen Ideen*. Diese stehen ungefähr auf der Mitte zwischen Realität und Wahn – es sind Ideen, von denen die Betreffenden relativ stark überzeugt sind, ohne sich jedoch hundertprozentig sicher zu sein. Da bei religiösen Zwangsgedanken die ethische Dimension ins Spiel kommt, fallen diese häufig in die Kategorie der überwertigen Ideen.[4]

Mit anderen Worten: Religiöse Zwangsgedanken sind besonders schwer zu behandeln, wenn der Betroffene *wirklich* befürchtet, von

Gott für seine Gedanken bestraft zu werden. Wenn dies der Fall ist, sind Scham und Schuldgefühle oft außerordentlich stark und die Patienten behalten ihre Gedanken meist für sich. In solchen Fällen ist auch eine medikamentöse Behandlung oft erst dann mit Aussicht auf Erfolg verbunden, wenn die Scham und die Schuldgefühle durch eine Beratung gemildert werden konnten.

Ciarrocchis Erfahrung zufolge sind viele Patienten aufgrund ihrer religiösen Überzeugungen nicht bereit, sich auf die notwendige Expositionsbehandlung einzulassen. So stellt es für einen Teil seiner Patienten keinen Unterschied dar, ob sie etwas Bestimmtes bloß *denken und fühlen* (Wut, Eifersucht, sexuelle Erregung) oder es tatsächlich *tun*. Sie befürchten, dass eine Expositionsübung wie das Betrachten von Fotos unvollständig bekleideter Personen in einem Kaufhauskatalog so etwas wie «Ehebruch im Geiste» darstellt, und lehnen es ab, die Übung durchzuführen. Um dieses Problem zu umgehen, erstellt Ciarrocchi oft eine Liste mit möglichen Expositionsaufgaben, die er seine Patienten dann mit einem Geistlichen ihres Vertrauens besprechen lässt, um zu entscheiden, welche dieser Aufgaben akzeptabel sind und welche nicht. In der Behandlung wird dann sorgsam darauf geachtet, ausschließlich «genehmigte» Übungen durchzuführen. Der in Kapitel 5 beschriebene Fall des Mannes mit religiösen Zwangsgedanken, der von Ciarrocchi erfolgreich mit einer Expositionstherapie behandelt wurde, zeigt, dass unter diesen Umständen eine solche Behandlung selbst bei streng religiösen Menschen möglich ist und effektiv sein kann.

Manchmal kommt man jedoch selbst mit einem derartig behutsamen Vorgehen nicht weiter. Wie Ciarrocchi schreibt, fehlt es manchen Patienten auch dann noch an der Bereitschaft oder Fähigkeit, sich auf die Expositionsbehandlung einzulassen, wenn sie von ihren religiösen Beratern grünes Licht bekommen haben. Auch sein erfolgreich behandelter Patient hätte sich vielleicht geweigert, die Katalogfotos zu betrachten, wenn er felsenfest davon überzeugt gewesen wäre, dass eventuell dabei auftretende Lustgefühle sündhaft wären.[5] Nach Ciarrocchi gibt es derartig strenge Überzeugungen

> ... in der Regel nur bei Teilströmungen innerhalb religiöser Glaubensgemeinschaften, die auf der Notwendigkeit der hundertprozentigen Einhaltung geistlicher und moralischer Normen bestehen. Diese Teilgruppen gehen in ihren ethischen Vorschriften über die Normen der Allgemeinheit weit hinaus. So liegen beispielsweise in

den Duschen einer italienischen Ordensgemeinschaft spezielle Bürsten aus, so dass die Mönche beim Waschen ihr Geschlechtsteil nicht mit den Händen berühren müssen.

Eine Frau hatte von ihren geistlichen Lehrern vermittelt bekommen, dass Sex grundsätzlich etwas Schmutziges und Widerliches ist, selbst in der Ehe, wo es eigentlich erlaubt ist. Wenn sie mit ihrem Mann schlief, legte sie ihre Bibel stets in die Schublade, damit sich religiöse und sexuelle Bilder in ihrem Kopf nicht miteinander vermischten.[6]

Wie lassen sich solche tief verankerten Überzeugungen verändern? Was würde ein Experte für religiöse Zwangsgedanken wie Minichiello einem Patienten sagen, der fest daran glaubt, von Gott für seine Gedanken bestraft zu werden. «Letzten Endes,» sagt Minichiello, «kommt es darauf an, den Betreffenden zu helfen, ihre falsche Einstellung zu Fragen des Glaubens zu überdenken und zu korrigieren. Leider sind jedoch die meisten Psychotherapeuten nicht dafür ausgebildet. Aufgrund meines theologischen Hintergrunds bin ich dazu in der Lage, man muss jedoch sehr genau darauf achten, wer für einen bestimmten Patienten in Frage kommt. Es sollte jemand sein, dem er vertraut, der derselben Glaubensgemeinschaft angehört und der etwas von psychischen Problemen und religiösen Zwangsgedanken versteht.» Wenn sich der Patient an einen Geistlichen wendet, der sich mit der Problematik nicht auskennt, und der Patient *irgendetwas* von ihm zu hören bekommt, was ihn in seinem Glauben an die Sündhaftigkeit seiner Gedanken bestärkt, wird es in der Therapie eher schwieriger als leichter. Glücklicherweise sind die meisten geistlichen Berater meiner Erfahrung nach relativ aufgeschlossen und verständnisvoll im Umgang mit Patienten, die unter religiösen Zwangsgedanken leiden. Oft ist es sinnvoll, dass auch der Therapeut mit dem Geistlichen spricht, um mögliche Fragen zu beantworten, die dieser zur Zwangsstörung hat.

Negative Gedanken bei Angehörigen anderer Religionen

Dieses Kapitel hat sich vorwiegend auf die religiösen Zwangsgedanken von Menschen christlichen Glaubens konzentriert. Dies hat damit zu tun, dass nach meiner Erfahrung und nach den Erfahrungen von Minichiello blasphemische Gedanken und die Furcht, dass sie mit ewiger Verdammnis bestraft werden, vor allem bei Katholiken vorkommen, die nach Grundsätzen erzogen wurden, wie sie vor dem Zweiten Vatikanischen Konzil galten, sowie bei Christen aus strengen protestantischen Elternhäusern.

Haben auch Juden, Muslime und Angehörige anderer Religionsgemeinschaften religiöse Zwangsgedanken? Die Antwort ist Ja, wenngleich die Gedanken je nach Religionszugehörigkeit etwas anders geartet sind. Ich wurde einmal bei dem Fall eines jungen jüdischen Mannes hinzugezogen, der völlig abgemagert ins Krankenhaus eingewiesen worden war und dort durch eine Nasensonde ernährt wurde. Rein körperlich fehlte ihm nichts. Er hatte sich jedoch in dem Bemühen, alle Ernährungsvorschriften des jüdischen Glaubens hundertprozentig einzuhalten, so verrannt und war so voller Angst, irgendetwas falsch zu machen, dass er schließlich gar nichts mehr gegessen hatte, obgleich ihm vom obersten Rabbi der USA versichert worden war, dass seine Ängste unbegründet seien. Vor allem unter den strenggläubigen Juden gibt es Menschen, die unter der Art von Zwangsgedanken leiden, wie sie in diesem Buch beschrieben werden. David Greenberg und Eliezer Witztum vom *Herzog Hospital* in Jerusalem berichteten, dass von 34 Zwangspatienten, die ihnen überwiesen worden waren, 19 ultraorthodoxe Juden waren und 13 unter religiösen Zwangsgedanken litten.[7]

Ob es strenggläubige Juden gibt, die unter der zwanghaften Vorstellung leiden, in der Synagoge Schweinefleisch zu essen oder die Thorarollen zu entweihen? Ich weiß es nicht, aber ich kenne den Dämon der Infamie und wäre nicht überrascht, einem jüdischen Patienten mit diesem Problem zu begegnen.

Auch Muslime neigen meiner Erfahrung nach zu der Angst, religiöse Rituale nicht vorschriftsgemäß auszuführen – sich etwa beim Beten nicht ganz genau nach Mekka auszurichten oder nicht exakt zur vorgeschriebenen Zeit zu beten. Greenberg und Witztum nennen den Begriff *Waswas*, mit dem in einer Koransure böse Gedanken oder Zweifel bezeichnet werden, die eine ordnungsgemäße Ausführung der Waschrituale vor dem Beten verhindern.[8]

Zum Schluss seien noch zwei etwas ältere Studien aus dem vorwiegend protestantischen England erwähnt, in denen ein sehr niedriger Anteil von religiös geprägten Zwangsgedanken bei Menschen mit einer Zwangsstörung festgestellt wurden: zwei von 49 in einer Studie[9] und niemand von 45 in einer anderen[10]. Warum sind diese Zahlen so niedrig? Greenberg und Witztum vermuten, dass die geringe Bedeutung, die die Religion im Alltag Großbritanniens spielt, hierfür verantwortlich ist. Auch während eines Besuches im Londoner *Maudsley Hospital* erfuhr ich vor kurzem, dass man in der entsprechenden Fachabteilung nur sehr selten Menschen mit religiösen Zwangsgedanken zu Gesicht bekommt.

Anscheinend gilt für religiöse Zwangsgedanken das Gleiche wie für alle anderen Formen von negativen Gedanken: Der Dämon der Infamie sucht sich für die Gedanken, die er seinen Opfern einflüstert, genau das aus, *was die umgebende Kultur als das Unpassendste ansieht, was der Betreffende tun könnte*. Da die Dinge, die als besonders unpassend gelten, von Kultur zu Kultur und von Religion zu Religion andere sind, unterscheiden sich auch die Gedanken, auf die der Dämon zurückgreift, um sein böses Spiel zu treiben.

Kapitel 8

Medikamente gegen negative Gedanken

Das Bedürfnis nach Medizin ist vielleicht der Punkt, in dem sich der Mensch am meisten vom Tier unterscheidet.

Sir William Osler (1849–1919)

In den hundert Jahren, die seit diesem Ausspruch von Osler verstrichen sind, wurden viele neue Medikamente gegen die Krankheiten entdeckt, die uns Menschen plagen – auch gegen die Krankheiten der Seele: Angst, Depression und Psychose. Der Bereich der Medizin, der sich mit der Behandlung psychischer Probleme durch Medikamente beschäftigt, heißt Psychopharmakologie – und auch hier finden wir Antworten auf die Frage, was man gegen negative Gedanken tun kann.

Ich gehe in diesem Kapitel hauptsächlich auf die so genannten Serotonin-Wiederaufnahme-Hemmer (SRI bzw. SSRI für englisch *selective serotonin reuptake inhibitor)* ein. Unabhängig davon, ob die Ursache der negativen Gedanken in einer Zwangsstörung, einer Depression, einer PTBS oder einem Tourette-Syndrom[1] liegen, sind die Serotonin-Wiederaufnahme-Hemmer die am häufigsten verschriebenen und mit den meisten Aussichten auf Erfolg verbundenen Medikamente.

Prinzipiell sollte auch unter Fachleuten Einigkeit darüber herrschen, dass körperliche oder psychische Probleme vorzugsweise ohne den Einsatz von Medikamenten zu behandeln sind. Schließlich finden es auch Herzspezialisten wie Dean Ornish sehr viel besser, wenn der Verstopfung meiner Arterien mit Hilfe einer Ernährungsumstellung und mehr Bewegung Einhalt geboten wird als durch eine Operation und anschließende Einkäufe in der Apotheke.[2] Versuchen sie es also zunächst mit den in den vorhergehenden Kapiteln beschriebenen Methoden. Wenn Sie mit den Fortschritten, die Sie dabei erzielen, nicht zufrieden sind, wenden Sie sich unbedingt an einen qualifizierten Spezialisten, der sich mit der Problematik und den Methoden ihrer Behandlung auskennt. Meiner Erfahrung nach können Sie in der Regel davon ausgehen, auf diese Weise auch ohne Medikamente weiterzukommen – wenngleich das Ausmaß der auf diese Weise zu erzielenden Besserung von Fall zu Fall schwankt.

Wenn Sie jedoch intensiv mit den Methoden der Expositionstherapie und der kognitiven Therapie an den negativen Gedanken arbeiten und trotzdem keine Besserung erfahren, sollten Sie sich auf jeden Fall an Ihren Arzt bzw. Psychiater wenden, um zu sehen, ob Sie von einer medikamentösen Behandlung profitieren könnten. Der Arzt wird Ihnen wahrscheinlich vorschlagen, es mit einem Serotonin-Wiederaufnahme-Hemmer zu versuchen – einer Medikamentengruppe, die wegen ihres Haupteinsatzgebietes den Antidepressiva zugerechnet wird. Diese Substanzen scheinen dadurch ihre Wirkung zu entfalten, dass sie die Menge des im Gehirn vorhandenen Neurotransmitters Serotonin erhöhen und auf diese Weise Zwangssymptome – unter anderem auch die in diesem Buch beschriebenen negativen Gedanken – abschwächen.

Viele der Patienten, deren Fallgeschichten wir erzählt haben, nahmen Serotonin-Wiederaufnahme-Hemmer, als sie zum ersten Mal zu mir in die Sprechstunde kamen. Einige von ihnen – wie beispielsweise Herr F., der unter der Angst litt, eines Tage «auszurasten» und zum Mörder zu werden – hatten trotz mehrerer Versuche mit unterschiedlichen Präparaten und unterschiedlichen Dosierungen kaum eine Wirkung verspürt. Andere – wie Frau G., die Patientin, die befürchtete, in einem plötzlichen Anfall ihr Enkelkind umbringen zu können – sagen, dass sie ohne die Medikamente niemals den Mut gehabt hätten, ihre Ängste mit Hilfe einer Expositionstherapie anzugehen. Wiederum andere Patienten – wie z. B. Frau M. – litten neben bestimmten negativen Gedanken – bei ihr war es die Vorstellung, ihrem Baby etwas antun zu können – noch unter anderen Zwangssymptomen, und während diese anderen Symptome auf die medikamentöse Behandlung ansprachen, blieben die negativen Gedanken unverändert bestehen.

In den letzten zehn Jahren habe ich mit Hunderten von Patienten gesprochen, die Serotonin-Wiederaufnahme-Hemmer nahmen, und habe an vielen Studien über den Nutzen dieser Medikamente mitgearbeitet. Da ich jedoch Psychologe bin und kein Arzt, kann ich diese oder andere Mittel selbst nicht verschreiben. Daher habe ich mich an zwei Psychiater gewendet, die viel Erfahrung mit Zwangspatienten haben, und sie gebeten, ihre Sicht der medikamentösen Behandlung von negativen Gedanken beizusteuern. Es handelt sich um Dr. Katherine Wisner, deren Forschungsarbeit über aggressive Gedanken bei Frauen mit Wochenbettdepressionen ich in einem anderen Kapitel vorgestellt habe, und meinen langjährigen Kollegen und Freund Dr. Michael Jenike. Zunächst werde ich auf die Rolle der Psychopharmaka in der Behandlung negativer Gedanken im Allgemeinen eingehen und danach speziell auf die medikamentöse Behandlung von Zwangsgedanken bei Wöchnerinnen.

Die medikamentöse Behandlung negativer Gedanken

Es ist bekannt, dass die Serotonin-Wiederaufnahme-Hemmer Zwangsgedanken im Allgemeinen wirksam bekämpfen können. Wie aber sieht es mit aggressiven, sexuellen oder gotteslästerlichen Gedanken im Besonderen aus? Von einigen eher anekdotenhaften Berichten abgesehen, wissen wir nur sehr wenig über dieses Thema.

Die einzige vorliegende Untersuchung, die sich direkt mit der Wirksamkeit dieser Medikamente bei sexuellen Zwangsgedanken befasst hat, stammt von Dan Stein und Eric Hollander von der New Yorker *Mount Sinai Medical School.* Sie werteten die Akten aller ihrer Patienten mit sexuellen Störungen aus, die mit Serotonin-Wiederaufnahme-Hemmern behandelt worden waren. Dabei stellten sie fest, dass die größten Fortschritte bei Patienten mit «ichdystonen, sexuellen Zwangsgedanken»[3] erzielt wurden. Mit anderen Worten: Diese Medikamente sind hilfreich bei der Art von sexuellen negativen Gedanken, um die es im vorliegenden Buch geht.

Mit der Wirksamkeit von Serotonin-Wiederaufnahme-Hemmern bei religiösen oder blasphemischen Zwangsgedanken beschäftigten sich Brian Fallon, Michael Liebowitz und ihre Mitarbeiter von der *Columbia Medical School* in einer Untersuchung, an der zehn Patienten mit «moralischer oder religiöser Zwanghaftigkeit»[4] teilnahmen. Sechs dieser Patienten sprachen innerhalb von drei Monaten auf die Behandlung an und bei zwei weiteren trat nach einer längeren Behandlung eine Besserung ein.

Abgesehen von diesen ermutigenden Befunden gibt es keine Untersuchungen, die sich speziell mit der Frage befasst haben, ob bestimmte Arten von Zwangsgedanken auf eine medikamentöse Behandlung ansprechen. Allerdings weist Jenike darauf hin, dass die uns interessierenden negativen Gedanken bei vielen Zwangspatienten auftreten und daher auch bei allen Medikamentenstudien zur Zwangsstörung mitbehandelt wurden. Jenike sagt: «Da all diese Studien zu dem Ergebnis gekommen sind, dass die Serotonin-Wiederaufnahme-Hemmer sowohl bei Zwangshandlungen als auch bei Zwangsgedanken helfen, würde ich einem Patienten mit sexuellen, aggressiven oder blasphemischen Gedanken keine anderen Mittel verschreiben als Patienten mit anderen Zwangssymptomen.»

Welche Präparate helfen bei Zwangsgedanken und woher wissen wir, dass sie wirksam sind?

Es liegen mittlerweile sechs Präparate aus der Gruppe der Serotonin-Wiederaufnahme-Hemmer vor, die ihre Wirksamkeit in sorgfältig durchgeführten Doppelblindstudien unter Beweis gestellt haben («doppelblind» heißt, dass weder Arzt noch Patient wissen, ob eine wirksame Substanz oder ein Placebo verabreicht werden). Die Doppelblindmethode ist das beste – und heutzutage standardmäßig durchgeführte – Verfahren zur Prüfung eines neuen Medikaments, da auf diese Weise dessen Wirksamkeit am objektivsten getestet werden kann. Bei diesen Medikamenten handelt es sich um Fluvoxamin (Fevarin, Floxyfral), Fluoxetin (Fluctin), Sertralin (Zoloft, Gladem), Paroxetin (Tagonis), Citalopram (Seropram, Cipramil) und Clomipramin (Anafranil). Dabei ist Anafranil das älteste und weltweit am meisten untersuchte Präparat, jedoch gibt es immer mehr Belege dafür, dass die anderen Serotonin-Wiederaufnahme-Hemmer genauso effektiv in der Behandlung von Zwangsgedanken sind.

In welchen Dosierungen werden die Serotonin-Wiederaufnahme-Hemmer eingesetzt?

Jenike hat die Erfahrung gemacht, dass Serotonin-Wiederaufnahme-Hemmer relativ hoch dosiert werden müssen, um gegen Zwangsgedanken zu wirken. Auf der Grundlage der vorliegenden Studien kommt er zu folgenden Dosierungsempfehlungen: Fevarin: bis zu 300 mg/Tag; Fluctin: 40–80 mg/Tag; Zoloft: bis zu 200 mg/Tag; Tagonis: 40–60 mg/Tag; Seropram: bis zu 60 mg/Tag; Anafranil: bis zu

250 mg/Tag. Auf der anderen Seite hat Jenike auch erlebt, dass einige wenige Patienten bei hohen Dosierungen keine Besserung zeigten, jedoch auf eine sehr niedrige Dosis ansprachen (zum Beispiel Fluctin in einer Dosierung von 5 bis 10 mg/Tag oder Anafranil in einer Dosierung von 25 mg/Tag).[5]

Warum helfen Serotonin-Wiederaufnahme-Hemmer gegen Zwangsgedanken?

Es ist noch nicht vollständig geklärt, wieso diese speziellen Medikamente bei negativen Gedanken helfen, während ähnliche Medikamente wirkungslos sind. Aber es gibt einige wichtige Hinweise: Alle diese Mittel haben eine starke Wirkung auf das Serotonin, einen Neurotransmitter – chemischen Botenstoff – im Gehirn. Serotonin gehört zu den chemischen Substanzen, mit Hilfe derer die Nervenzellen in vielen Teilen unseres Gehirns miteinander kommunizieren. Da die Nervenzellen, die mit Serotonin arbeiten, im ganzen Gehirn verteilt sind, hat dieser Neurotransmitter einen starken Einfluss auf unser Seelenleben, unter anderem auf Zwangsgedanken und Depressionen.

Wie funktionieren die Serotonin-Wiederaufnahme-Hemmer?

Zwar wissen wir noch nicht alles über die Funktionsweise dieser Mittel, bekannt ist jedoch, dass eine Nervenzelle nur dann aktiv ist, wenn in dem Spalt zwischen ihr und der benachbarten Nervenzelle (der Synapse bzw. dem Synapsenspalt) ein Neuotransmitter wie Serotonin vorhanden ist. Wenn der Botenstoff dann wieder von der Zelle aufgenommen wurde, sendet diese keine Informationen mehr an die Nachbarzelle. Diese Wiederaufnahme wird durch die Serotonin-Wiederaufnahme-Hemmer – daher der Name dieser Medikamentengruppe – verlangsamt, was zur Folge hat, dass das Serotonin länger im Synapsenspalt verbleibt und die Übertragung von Informationen zwischen den Nervenzellen weitergehen kann. Nach einigen Wochen bewirkt die Zunahme des Serotonins Veränderungen bei den Serotoninrezeptoren (das sind die Stellen auf den Nervenzellen, an denen das Serotonin «andockt»). Es ist denkbar, dass diese Rezeptoren bei Personen mit eine Zwangsstörung bestimmte Abweichungen aufweisen und dass die durch die Serotonin-Wiederaufnahme-Hemmer verursachten Änderungen bei den Rezeptoren für den Rückgang der Symptome verantwortlich sind. Nach Jenike ist dies jedoch nicht die einzige Wirkung der Medikamente: «Es ist sehr wahrscheinlich, dass neben dem Serotonin noch andere hirneigene Substanzen eine Rolle spielen. Es ist bekannt, dass eine veränderte Aktivität des Serotoninsystems im Gehirn stets mit Änderungen in anderen Systemen einhergeht.»

Machen Sie sich keine Sorgen, wenn Sie diese Erklärungen verwirrend finden! Jenike weist darauf hin, dass auch die Experten noch nicht ganz verstehen, worauf die Wirkung dieser Medikament beruht, da die Zusammenhänge sehr kompliziert sind. Die Hauptsache ist, dass wir nach jahrzehntelanger Forschung nun wissen, wie wir negative Gedanken behandeln können – auch wenn wir noch nicht genau begreifen, warum die Behandlung funktioniert.

Wie lange dauert es, bis die Medikamente wirken?

Jenike warnt Patienten – und auch Ärzte, sofern sie keine Erfahrungen mit der Störung haben – stets davor, einen Behandlungsversuch mit Serotonin-Wiederaufnahme-Hemmern für gescheitert zu betrachten, wenn das Medikament nicht mindestens zehn Wochen lang in einer therapeutischen Dosierung genommen worden ist. Bei vielen seiner Patienten, bei denen sich in den ersten Wochen der Behandlung überhaupt keine Besserung einstellte, sondern nur Nebenwirkungen auftraten, haben die Medikamente schließlich doch noch angeschlagen. Viele Ärzte brechen die Behandlung allerdings zu früh ab, oft nach vier bis sechs Wochen, da dies der Zeitraum ist, innerhalb dessen die Serotonin-Wiederaufnahme-Hemmer in der Depressionsbehandlung – etwas, womit viele Ärzte mehr Erfahrung haben – ihre Wirkung entfalten. Warum es bei den Zwangsgedanken so lange dauert, bis Serotonin-Wiederaufnahme-Hemmer anschlagen, ist nach wie vor ungeklärt.

Haben die Serotonin-Wiederaufnahme-Hemmer Nebenwirkungen?

Ja, wie alle Medikamente haben Serotonin-Wiederaufnahme-Hemmer auch Nebenwirkungen. Und wie bei allen Medikamenten müssen Arzt und Patient den möglichen Nutzen und die Nebenwirkungen der Behandlung sorgfältig gegeneinander abwägen. Jenike meint, dass Patienten wachsam und offensiv auf alle Probleme reagieren sollten, die

die medikamentöse Behandlung möglicherweise mit sich bringt. Manchmal reicht es schon, die Dosierung oder den Zeitpunkt der Einnahme zu ändern, um das Problem zu lösen.

Relativ häufig haben die Medikamente Auswirkungen auf die Sexualität, und zwar sowohl bei Männern als auch bei Frauen. Diese reichen von einem verminderten sexuellen Antrieb oder Schwierigkeiten beim Erreichen des Orgasmus bis hin zu völliger Impotenz oder Orgasmusunfähigkeit.[6] Möglicherweise ist es Ihnen peinlich, diese Schwierigkeiten mit Ihrem Arzt zu besprechen. Sie sollten es trotzdem tun, damit er Ihnen helfen kann, nach Wegen zu suchen, mit ihnen umzugehen. Übrigens sind diese Nebenwirkungen so weit verbreitet, dass es für Ihren Arzt keine Überraschung sein wird, davon zu hören.

Andere häufig auftretende Nebenwirkungen der Serotonin-Wiederaufnahme-Hemmer sind Übelkeit, Unruhe, Schläfrigkeit und überschießende Energie. In manchen Fällen kann es zu einer Gewichtszunahme kommen, so das Sie gegebenenfalls darauf achten müssen, nicht zu viel zu essen. Anafranil (das von seiner chemischen Struktur her die größte Ähnlichkeit mit den älteren, trizyklischen Antidepressiva hat) kann außerdem Benommenheit, Mundtrockenheit, Herzrasen, Gedächtnisstörungen, Konzentrationsschwierigkeiten und – vor allem bei Männern – Schwierigkeiten beim Wasserlassen hervorrufen. Trotz dieser Nebenwirkungen handelt es sich allem Anschein nach um sichere Medikamente – auch wenn sie jahrelang genommen werden. Außerdem verschwinden alle unerwünschten Wirkungen, sobald die Behandlung beendet wird.

Gibt es irgendwelche anderen Medikamente, die gegen negative Gedanken helfen?

Bei Menschen, deren negative Gedanken mit besonders intensiven inneren Bildern einhergehen oder die zusätzlich unter Tics leiden, bleiben sowohl die psychologischen Behandlungsmethoden als auch die Einnahme von Serotonin-Wiederaufnahme-Hemmern manchmal ohne Erfolg. In diesen Fällen verschreibt der Psychiater unter Umständen zusätzlich zum Serotonin-Wiederaufnahme-Hemmer ein Mittel aus der Gruppe der Neuroleptika. Diese Medikamente haben eine Wirkung auf das Dopamin, einen anderen Botenstoff im Gehirn, und werden deshalb manchmal auch als Dopaminantagonisten bezeichnet. Die Verschreibung von Neuroleptika beruht auf der Theorie, dass sowohl visuelle Halluzinationen als auch Tics durch ein Überangebot an Dopamin in den Synapsen des Gehirns verursacht werden. Der Dopaminüberschuss bewirkt, dass bestimmte Nervenzellen zu aktiv sind und zu viele Signale an unsere Muskeln oder die für die Verarbeitung von visuellen Reizen zuständigen Hirnregionen senden – was bei den Betroffenen unmotivierte Bewegungen oder bildhafte Vorstellungen hervorruft.

Diese Mittel werden manchmal auch – mit Bezug auf ihren Haupteinsatzbereich – als Antipsychotika bezeichnet. Bedeutet das, dass man psychotisch ist, wenn man ein solches Medikament verschrieben bekommt? Keineswegs. Zwar kommen diese Medikamente hochdosiert in der Behandlung von Symptomen psychotischer Erkrankungen (z.B. starke akustische oder optische Halluzinationen oder bizarre Wahnvorstellungen) zum Einsatz, heutzutage werden sie jedoch in niedriger Dosierung auch gegen Tics und – in Kombination mit Serotonin-Wiederaufnahme-Hemmer – gegen besonders lebhafte und quälende bildliche Vorstellungen eingesetzt. Ein Beispiel: Einer meiner Patienten klagte über sehr eindringliche und quälende innere Bilder. Er sah immer wieder Szenen vor sich, in denen er mit einem Messer auf seine Eltern einstach. Nachdem er eine bis zwei Wochen lang ein Neuroleptikum in niedriger Dosierung eingenommen hatte, waren – wie er sagte – die Vorstellungen, die zuvor so plastisch und bunt wie Ölgemälde gewesen waren, zu «blassen Bleistiftzeichnungen» geworden, die viel leichter zu ertragen waren. Nun war er viel eher bereit, sich auf eine Expositionsbehandlung einzulassen, die bewirkte, dass es ihm bald deutlich besser ging und er sein Vermeidungsverhalten aufgab.

Allerdings setzen die meisten Psychiater Neuroleptika nur bei sehr schweren Problemen ein und auch erst, nachdem sie sich davon überzeugt haben, dass keine andere psychotherapeutische oder medikamentöse Behandlungsform hilft. Dies hat damit zu tun, dass die älteren Präparate aus dieser Kategorie – wie Haloperidol (Haldol), Pimozid (Orap), Thioridazin (Melleril), Trifluoperazin (Jatroneural) und Chlorpromazin (Largactil) – bleibende neurologische Probleme wie Zittern oder Zungenbewegungen hervorrufen können. Zum Glück stehen mittlerweile für die Behandlung von Patienten wie dem oben beschriebenen Mann mit den gewalttätigen bildlichen Vorstellungen neuere Neuroleptika wie Quetiapin (Seroquel), Olanzapin (Zyprexa) oder Risperidon (Risperdal) zur Verfügung, die allem Anschein nach weniger irreversible neurologische Schäden verursachen. Jenike warnt jedoch davor, die Behandlung ausschließlich auf die neuroleptischen

Medikamente zu gründen, da diese zu einer Verschlimmerung von Zwangssymptomen führen können, wenn sie nicht mit Serotonin-Wiederaufnahme-Hemmern kombiniert werden.

Negative Gedanken bei Patientinnen mit Wochenbettdepressionen

Bevor Ende der 80er und Anfang der 90er die ersten Serotonin-Wiederaufnahme-Hemmer Clomipramin (Anafranil) und Fluoxetin (Fluctin) auf den Markt kamen, hatte Katherine Wisner wiederholt feststellen müssen, dass unter den älteren trizyklischen Antidepressiva (wie Amitriptylin)[7] die Frauen, die sie wegen Wochenbettdepressionen behandelte, zwar in Bezug auf einige Symptome – wie Niedergeschlagenheit sowie Schlaf- und Appetitstörungen – eine deutliche Besserung erfuhren, die zwanghaften Gedanken und Ängste jedoch häufig bestehen blieben. Als sie dann begann, die betroffenen Frauen mit den neuen Serotonin-Wiederaufnahme-Hemmern zu behandeln, bemerkte sie eine deutlich größere Wirkung auf Zwangsgedanken und Ängste.

Da Frauen mit Wochenbettdepressionen häufig unter starken Ängsten leiden, beginnt Wisner die Behandlung oft mit Serotonin-Wiederaufnahme-Hemmern in sehr niedriger Dosierung – etwa die Hälfte der üblichen Einstiegsdosis –, um einer Zunahme der Ängste entgegenzuwirken. Zwar würden die meisten ihrer Patienten sehr gut auf Serotonin-Wiederaufnahme-Hemmer reagieren, sagt Wisner, aber bei einigen Frauen bleibe die erwünschte Wirkung aus. Ihre Zwangsgedanken werden zwar seltener und schwächer, verschwinden jedoch nicht ganz. Ihrer Erfahrung nach kann in solchen Fällen der Genesungsprozess durch Verhaltenstherapie deutlich beschleunigt werden.

Der Fall von Frau A., der Mutter eines Neugeborenen, die unter der Furcht litt, unabsichtlich ihren Sohn infizieren zu können, ist ein gutes Beispiel für den Einsatz von Serotonin-Wiederaufnahme-Hemmern bei gleichzeitiger Behandlung mit Expositionstherapie. In den Wochen vor unserem ersten Termin war Frau A. so depressiv gewesen, dass sie kaum in der Lage war, ihren Sohn zu versorgen, und ihr Ehemann schon befürchtete, sie könnte Selbstmord begehen. Schließlich war sie freiwillig in eine psychiatrische Klinik gegangen. Dort hatte sie sofort einen Serotonin-Wiederaufnahme-Hemmer bekommen und nach zwei Wochen fühlte sie sich langsam besser. Ihre Stimmung hellte sich nach und nach auf, ihre Energie kam zurück und sie hörte auf, beim Einschlafen zu hoffen, nie mehr aufzuwachen. Dennoch wusste Frau A., dass sie längst noch nicht so weit war, wieder die Verantwortung für ihr Baby zu übernehmen. Allein der Gedanke, den Jungen zu berühren, versetzte sie in Panik, da sie sich nicht von der Furcht freimachen konnte, dadurch irgendwelche gefährlichen Bakterien auf ihn zu übertragen.

Als Frau A. von ihrem Psychiater an mich überwiesen wurde, war sie bereits einen Monat lang medikamentös behandelt worden. Sie sagte mir, dass sie sich nun stark genug fühlte, an ihren Zwangsgedanken zu arbeiten. Gleich am Anfang der Therapie machte ich einen Hausbesuch bei Frau A., mit dem vor allem zwei Ziele verfolgt wurden: erstens ihr dabei zu helfen, vermeintlich verseuchte (aber in Wirklichkeit sichere) Dinge in Haus und Garten zu berühren und sich dann um ihren Sohn zu kümmern, und zweitens ihrer Familie das Vorgehen zu erklären und klarzustellen, dass Frau A. nicht mehr selbstmordgefährdet war und nicht «mit Samthandschuhen angefasst» werden musste. Mit harter Arbeit brachte es Frau A. so weit, nichts mehr im Haus zu vermeiden – auch nicht ihren Sohn, den sie nun völlig normal berührte und versorgte. Da Frau A. jedoch trotz dieser deutlichen Fortschritte immer noch unter negativen Gedanken litt, beschlossen wir, das Audioband aufzunehmen, von dem weiter oben die Rede war. Mit Hilfe dieses Bandes schaffte es Frau A. innerhalb von zwei Wochen, ihre verbleibenden negativen Gedanken fast völlig abzubauen.

Die Geschichte von Frau A. hat ein Happy End. Das Ende ihrer Behandlung – die noch mehrere weitere Hausbesuche umfasste, um sie bei der Durchführung schwieriger Übungen zu unterstützen – liegt mittlerweile über ein Jahr zurück. Hin und wieder besucht sie uns noch, um uns zu zeigen, wie groß ihr Sohn inzwischen geworden ist, uns von ihren weiteren Fortschritten zu berichten und seit neuestem auch, um mit anderen betroffenen Müttern zu sprechen und ihnen Mut zu machen. Ihre Behandlung hatte aus drei typischen Elementen bestanden: (1) ein Serotonin-Wiederaufnahme-Hemmer wirkte stimmungsaufhellend, gab ihr neue Kraft und ließ ihre Suizidgedanken verebben; (2) durch den Umgang mit ihrem Baby nach dem Berühren vermeintlich verseuchter Gegenstände im Haus durchbrach sie ihr Vermeidungsverhalten; und (3) die gezielte Konfrontation mit den am meisten gefürchteten Gedanken und Vorstellungen führte dazu, dass sich diese langsam abschwächten.

Von wem sollte ich mir Serotonin-Wiederaufnahme-Hemmer verschreiben lassen?

Zwar können die oben genannten Medikamente von jedem zugelassenen Arzt verschrieben werden, am besten geht man jedoch zu einem Spezialisten – d. h. einem Psychiater, der sich mit der Behandlung von Zwängen auskennt. Sollte sich die medikamentöse Behandlung als wirksam erweisen, macht Ihnen Ihr Arzt wahrscheinlich den Vorschlag, diese mindestens sechs Monate bis ein Jahr fortzusetzen. Wenn man das Mittel früher absetzt, ist die Rückfallgefahr höher. Leider kehren die Zwangsgedanken oft – wenn auch nicht immer – zurück, wenn die Behandlung beendet wird. Dies ist ein weiterer Grund dafür, vorher oder parallel zur medikamentösen Behandlung einer der oben beschriebenen psychologischen Therapiemethoden eine faire Chance zu geben.

Kapitel 9

Schreiten Sie zur Tat

Auf längere Sicht trifft man nur das, auf was man zielt.

Henry David Thoreau (1817–1862)

Der Philosoph Maimonides (12. Jahrhundert) teilte alle Schwierigkeiten, unter denen wir Menschen leiden können, in drei Gruppen ein.[1]

(1) Die Schwierigkeiten, die daraus resultieren, dass der Mensch einen Körper hat. Als Arzt wusste Maimonides nur zu gut, dass die Anfälligkeit für Krankheiten und Geburtsfehler eine unausweichliche Folge unserer Körperlichkeit ist. Allerdings betrachtete er diese Art von Schwierigkeiten als vergleichsweise selten. Heute könnten wir unter dieser Gruppe von Problemen all diejenigen zusammenfassen, zu deren Überwindung eine medizinische Behandlung mit Medikamenten oder Operationen notwendig ist.

(2) Diejenigen Schwierigkeiten, die Menschen sich gegenseitig bereiten – wie etwa Kriege oder Verbrechen. Wenngleich Maimonides diese Probleme für weiter verbreitet hielt als die der ersten Gruppe, glaubte er, dass sie im Alltag der Menschen dennoch relativ selten vorkamen. Dieser Kategorie wären beispielsweise Fälle von Misshandlung oder sexuellem Missbrauch von Seiten eines Elternteils oder Ehepartners zuzuordnen – Ereignisse, die oft eine posttraumatische Belastungsstörung nach sich ziehen, wie ich sie oben beschrieben habe.

(3) Die Schwierigkeiten, die wir uns selbst einbrocken: «Das ist die größte Gruppe, sehr viel größer als die zweite. Diese Übel sind es, über die alle Menschen klagen.» Dieser Gruppe können wir alle Probleme zurechnen, die wir uns schaffen, indem wir uns von anderen abkapseln, unsere Gedanken unterdrücken, uns einreden, dass wir ein schlechter Mensch seien, und Situationen vermeiden, vor denen wir

unbegründete Angst haben – alles Probleme, die einen durchaus an den Rand der Verzweiflung treiben können.

Nach Maimonides' Auffassung haben alle Schwierigkeiten, die nicht auf unsere Körperlichkeit zurückzuführen sind, die gleiche Ursache, nämlich die menschliche Unwissenheit. Als Lehrer, der er auch war, lebte Maimonides in der Zuversicht, dass der Mensch durch Lernen und den Abbau von Unwissenheit dahin gebracht werden könne, sich und anderen weniger Schlechtes zuzufügen.

Was würde Maimonides wohl denken, wenn er die vorangehenden Kapitel lesen könnte? Ich fürchte, er wäre ein wenig schockiert angesichts der teilweise recht drastischen Darstellungen, wenngleich er als Mediziner auf seinen Reisen bestimmt auch mit außergewöhnlichen Symptomen Bekanntschaft gemacht hat. Auf der anderen Seite hoffe ich, dass er mein Bemühen billigen würde – das Bemühen, die Unwissenheit über die Ursachen negativer Gedanken abzubauen (die als unausweichliche Folge unserer Körperlichkeit angesehen werden könnten) und damit meine Patienten von den Qualen zu befreien, die sie sich selbst zufügen (die also den Schwierigkeiten der dritten Art zuzurechnen sind).

Aber die Natur gibt ihre Geheimnisse nicht so einfach preis – und ich gebe gerne zu, dass unser Wissen über die negativen Gedanken und darüber, wie sie zu behandeln sind, alles andere als vollständig ist. Nach dem Lesen der vorausgehenden Kapitel wissen Sie nun alles, was man angesichts des derzeitigen Kenntnisstands der Wissenschaft über das Thema im Allgemeinen und Ihre persönlichen negativen Gedanken im Speziellen sagen kann.

So bekommen Sie Ihre negativen Gedanken in den Griff: Der erste Schritt

Um Sie bei dem ersten Schritt auf dem Weg zur «Zähmung» Ihrer negativen Gedanken zu unterstützen, habe ich in Tabelle 14 einmal alle Zwangsgedanken aufgelistet, die bislang in diesem Buch erwähnt worden sind. Zwar unterscheiden sich einige der aufgeführten Gedanken nur geringfügig voneinander, ich habe jedoch möglichst viele Varianten in die Liste aufgenommen, weil ich die Erfahrung gemacht habe, dass die meisten Leute sich nur dann mit einem Symptom identifizieren, wenn es dem eigenen sehr ähnlich ist.

Mein Vorschlag ist, dass Sie nun diese Liste durchgehen und jeden negativen Gedanken anstreichen, den Sie von sich selbst kennen. Danach sollten Sie die angestrichenen Gedanken hinsichtlich der Belastung, die sie für Sie bedeuten, in eine Rangreihenfolge bringen. Schreiben Sie einfach hinter den Gedanken, der Sie am meisten belastet, eine 1, hinter den, der Sie am zweitmeisten belastet, eine 2, und so weiter. An dieser Reihenfolge können Sie dann Ihr weiteres Vorgehen ausrichten.

Tabelle 14
Auflistung negativer Gedanken (einschließlich Impulse, Bilder und vermiedener Situationen)

1. der Gedanke, man könnte seinem Baby etwas antun
2. die Sorge, man könnte seine Tochter missbrauchen
3. die Sorge, man könnte mit dem Auto einen unschuldigen Fußgänger überfahren
4. die Sorge, man könnte jemanden vor einen ankommenden Zug stoßen
5. der Impuls, von einem hohen Haus herunterzuspringen
6. der Gedanke, man könnte einem unschuldigen Kind etwas antun
7. der Impuls, von einem Berg herunterzuspringen
8. der Impuls, sich vor einen fahrenden Zug zu stürzen
9. der Impuls, jemand anderen vor einen Zug oder ein Auto zu stoßen
10. verwerfliche sexuelle Gedanken in Bezug auf Menschen, die man kennt
11. verwerfliche sexuelle Gedanken in Bezug auf Menschen, die man nicht kennt
12. sexuelle Gedanken in Bezug auf religiöse Gestalten wie Gott, Jesus oder Maria
13. inzestuöse Gedanken oder Impulse
14. die Sorge, man könnte etwas Rassistisches sagen
15. die Sorge, tief im Inneren ein gewalttätiger Verbrecher zu sein
16. die Sorge, man könnte seine Kinder umbringen (so wie Susan Smith)
17. die Sorge, man könnte zum Killer werden (wie Jeffrey Dahmer)

18. die Sorge, man könnte sein Baby gegen die Wand werfen
19. die Sorge, man könnte seinem Baby den Schädel einschlagen
20. die Sorge, man könnte sein Baby mit einem Kissen ersticken
21. die Sorge, man könnte sein Baby mit einem Messer erstechen
22. die Sorge, man könnte sich beim Windelwechseln an seinem Baby vergehen
23. die Sorge, man könnte eines Tages ausrasten und seinem Baby etwas antun
24. die Vorstellung, einen Hund zu überfahren, der einem vors Auto springt
25. die Sorge, man könnte sein Auto plötzlich in den Graben lenken
26. die Sorge, man könnte in der Öffentlichkeit unflätige Dinge sagen
27. das Vermeiden des Umgangs mit Kindern aus Angst, man könnte ihnen etwas antun
28. das Vermeiden von Fernsehsendungen, Filmen, Büchern und Zeitschriften, weil sie aggressive Gedanken auslösen
29. das Vermeiden von Fernsehsendungen, Filmen und Zeitschriften, weil sie sexuelle Gedanken auslösen
30. die Sorge, man könnte sich an Tieren vergehen
31. die Sorge, man wolle wirklich mit einem Tier sexuell verkehren
32. die Sorge, man könnte einem Hund auf die Geschlechtsteile schauen
33. der Gedanke, man könnte seine Kinder oder seinen Partner umbringen
34. die Sorge, man könnte vom Teufel dazu getrieben werden, seiner Familie etwas anzutun
35. der Gedanke, man könnte beim Autofahren Leute umbringen
36. die Sorge, man könnte Kinder von einer Brücke stoßen
37. die Sorge, man könne sein Kind verseuchen oder vergiften
38. der Gedanke an homosexuelle Handlungen
39. der Gedanke an Sex mit Menschen, die man im Vorübergehen streift
40. das Vermeiden des Umgangs mit Messern
41. die Sorge, man könnte homosexuell sein
42. die Sorge, man könnte plötzlich rassistische Beleidigungen von sich geben

43. die Sorge, man könnte Frauen auf die Brust, das Hinterteil oder zwischen die Beine starren
44. die Sorge, man könne Männern zwischen die Beine schauen
45. Gedanken an Inzest
46. die Sorge, man könne in Anwesenheit seiner Eltern sexuell erregt werden
47. die Sorge, man könnte beim Hantieren mit einem Messer die Beherrschung verlieren und auf jemanden einstechen
48. die Sorge, man könne Dinge sagen wie: «Hoffentlich stirbt das Baby bald.»
49. die Sorge, man könnte ein Baby in seinem Kinderwagen mit einer Decke ersticken
50. das Vermeiden des Ansehens der Geschlechtsteile des Babys, wenn man ihm die Windeln wechselt, aus Sorge, man könnte Lust bekommen, sich an ihm zu vergehen
51. der Versuch, sich selbst davon zu überzeugen, dass man niemanden belästigt hat
52. der zwanghafte Gedanke, man könnte sein Baby in die Mikrowelle stecken
53. der zwanghafte Gedanke, man könnte sein Baby die Treppe hinunterwerfen
54. die Vorstellung, das Baby läge tot in seinem Bettchen
55. die Vorstellung, das Baby sei verletzt und würde bluten
56. die Vorstellung, das Baby würde von Haien aufgefressen
57. die Sorge, man könnte ein Baby ertränken
58. die Sorge, man könnte Amok laufen
59. die Sorge, man könnte im Schlaf ein Verbrechen begangen haben
60. die Sorge, man könnte im Rauschzustand ein Verbrechen begangen haben
61. die Sorge, man könnte einen Fußgänger überfahren
62. das Überprüfen, ob man kein Kind verletzt hat
63. das Erbitten der Bestätigung, dass man nichts Schlimmes getan hat
64. das Überprüfen, ob man keine Beleidigung ausgestoßen hat
65. die Sorge, man könnte in der Kirche ein Kreuz von der Wand reißen und auf dem Boden zerschmettern
66. die Sorge, man könnte in der Kirche gotteslästerliche Dinge tun
67. der Gedanke an gewalttätige sexuelle Handlungen
68. der Gedanke an die sexuelle Bestrafung einer geliebten Person

69. der Gedanke an «unnatürliche» sexuelle Handlungen
70. der Gedanke an Sex mit Tieren
71. der Impuls, sexuelle Praktiken auszuüben, bei denen dem Partner Schmerz zugefügt wird
72. sexuelle Impulse gegenüber bekannten oder unbekannten attraktiven Frauen
73. der Impuls, sexuelle Übergriffe gegenüber bekannten oder unbekannten Frauen zu begehen
74. blasphemische, obszöne Vorstellungen von der Jungfrau Maria
75. der Gedanke, Kindern oder älteren Menschen etwas anzutun
76. die Vorstellung, dass eine nahestehende Person eine Verletzung oder anderen Schaden erleidet
77. der Impuls, einen Hund anzugreifen und zu töten
78. der Impuls, jemanden anzugreifen und zu töten
79. der Gedanke oder Wunsch, dass jemand vom Erdboden verschwindet
80. der Impuls, jemanden zu schlagen oder ihm anderen Schaden zuzufügen
81. der Gedanke an große Wut auf jemanden in Zusammenhang mit einem zurückliegenden Ereignis
82. der Impuls, Kindern – vor allem kleineren – etwas anzutun
83. der Impuls, jemanden anzuschreien oder zu beschimpfen
84. der Impuls, bestimmte Menschen anzugreifen
85. der Impuls, anderen gegenüber ausfällig zu werden
86. der Impuls, andere brutal zu bestrafen (z. B. ein Kind aus dem Bus zu werfen)
87. der Impuls, unflätige Dinge zu sagen
88. der Impuls, Gemeinheiten zu sagen
89. der Impuls, unangemessene Dinge («das Falsche zum falschen Zeitpunkt») zu sagen
90. der Impuls, ordinäre und inakzeptable Dinge zu sagen
91. der Impuls, Leute zu schubsen oder wegzudrängen
92. gotteslästerliche Gedanken während des Betens
93. zwanghafte Gedanken, wenn man andere im Vorübergehen streift
94. das Vermeiden von Menschenmengen aus Angst, man könnte vorgeworfen bekommen, andere belästigt zu haben

Ehe Sie irgendeine der in Kapitel 5 beschriebenen Expositionsübungen machen, müssen Sie sicherstellen, dass die Durchführung der Behandlung für Sie keine Risiken birgt. Lesen Sie zunächst Kapitel 3 und denken Sie daran, dass die Sorge, man könnte seine negativen Gedanken eines Tages in die Tat umsetzen, für die überwältigende Mehrheit der Menschen mit negativen Gedanken unbegründet ist. Wenn Sie eine Zwangsstörung haben und sich sehr unsicher fühlen, gilt für Sie vielleicht Folgendes: Obwohl Sie bislang niemals einem Ihrer inakzeptablen aggressiven oder sexuellen Impuls nachgegeben haben und obwohl Sie wegen Ihrer Gedanken starke Schuldgefühle haben und obwohl Sie keinen Hass auf Menschen in sich tragen, von denen Sie schlecht behandelt worden sind, und obwohl Sie nicht von eine großen Abrechnung mit ihnen träumen und obwohl Sie keine starken Impulse verspüren oder planen, sich das Leben zu nehmen – mit anderen Worten: obwohl Ihre negativen Gedanken harmlos sind, fühlen Sie sich unwohl bei der Umsetzung der in diesem Buch beschriebenen Techniken. Falls dem so ist, machen Sie sich keine Sorgen! Schon wenn Sie durch das Buch so weit gekommen sind, sich wegen Ihrer negativen Gedanken an eine Fachfrau oder einen Fachmann zu wenden, hat es seinen Zweck erfüllt.

Wenn Sie allerdings nach der Lektüre des dritten Kapitels ernste Anhaltspunkte dafür finden, dass Sie möglicherweise Ihre negativen Gedanken in die Tat umsetzen könnten, dann sollten Sie zuerst mit einem Arzt, einem Geistlichen oder einem Psychologen sprechen. Es gibt mittlerweile effektive Behandlungsmethoden, mit deren Hilfe sichergestellt werden kann, dass Sie Ihre Gedanken niemals ausagieren werden. Wenn Sie jetzt etwas unternehmen, können Sie späteres Unheil vermeiden. Denken Sie daran, was Maimonides gesagt hat: Durch den Abbau von Unwissen können wir dafür sorgen, dass wir einander später weniger Schaden zufügen. Und das ist etwas Lobenswertes – nichts, wofür man sich schämen müsste!

Hier noch einmal die Fragen, die Sie sich stellen sollten, um sicher zu sein, kein Warnsignal übersehen zu haben:

- Hören Sie Stimmen oder sehen Sie Dinge, die andere nicht sehen?
- Haben Sie eine große Wut auf jemanden oder träumen Sie davon, sich an Leuten zu rächen, die Ihnen etwas angetan haben?
- Haben Sie bereits einmal Ihre sexuellen oder gewalttätigen Ge-

danken in Bezug auf Menschen oder Tiere in die Tat umgesetzt (berauscht oder nüchtern)?
- Verspüren Sie einen starken Drang, sich selbst etwas anzutun?

Wenn Sie eine dieser Fragen mit Ja beantwortet haben, sollten Sie mit jemandem – vorzugsweise einem Psychologen oder Psychiater – sprechen, ehe Sie mit Expositionsübungen beginnen. Und auch wenn Sie alle Fragen mit Nein beantwortet haben (wie das die meisten Leser tun), rate ich Ihnen, sich jemanden zu suchen, mit dem Sie über Ihre Gedanken sprechen können. Es ist mir klar, dass das etwas ist, was Sie seit langer Zeit vermeiden, aber es ist aus zwei Gründen sehr hilfreich: Zum einen stellt das Sprechen über die negativen Gedanken eine Expositionsübung dar und zum anderen können diese Gespräche die Scham- und Schuldgefühle abbauen, die Sie wegen Ihrer Gedanken haben. So habe ich beim Leiten von Gesprächsgruppen für Menschen, die unter negativen Gedanken leiden, miterleben dürfen, wie entlastend es sein kann, mit anderen Menschen, die einen verstehen und ähnliche Probleme haben, über seine negativen Gedanken zu sprechen. Ich bin Leuten begegnet, die seit Jahren niemandem mehr in die Augen gesehen hatten und nun langsam wieder Blickkontakt zu anderen Menschen aufnahmen. Wenn Sie nicht mit einem Angehörigen sprechen können und sich auch keinem Ihrer Freunde und Bekannten anvertrauen möchten, geht es vielleicht bei einem Geistlichen.

Wenn Ihre negativen Gedanken religiöse Themen berühren, sollten Sie Kapitel 7 noch einmal sorgfältig durchlesen. Gehen Sie dann in sich und fragen Sie sich, welches Bild Sie von Gott haben. Wenn Sie sich ihn als einen Gott der Rache und der Vergeltung vorstellen, sollten Sie sich einmal mit einem gemäßigten Geistlichen Ihrer Glaubensrichtung zusammensetzen und über das Thema sprechen, ehe Sie mit einer Expositionsbehandlung beginnen.

Vor allem dürfen Sie eines nie vergessen: *Sie tun sich selbst keinen Gefallen, wenn Sie versuchen, Ihre negativen Gedanken zu unterdrükken, sondern machen dadurch möglicherweise alles nur noch schlimmer.* Und wenn es das Einzige ist, was Sie anders machen, nachdem Sie dieses Buch gelesen haben: Bitte versuchen Sie nicht mehr, Ihre negativen Gedanken zu unterdrücken, sondern lassen Sie sie einfach kommen und gehen. Dies allein bewirkt, wie ich aus dem Mund vieler Menschen gehört habe, in vielen Fällen bereits eine deutliche Entlastung von den Qualen, die einem diese Gedanken bereiten können.

Wenn Sie sich zur Durchführung der in Kapitel 5 beschriebenen Expositionsaufgaben entschlossen haben, sollten Sie zunächst eine Aufstellung aller Situationen anfertigen, die Sie derzeit wegen Ihrer verschiedenen negativen Gedanken vermeiden. Diese Liste stellt dann die Grundlage Ihres Therapieplans dar. Sie werden sich gezielt in die Situationen hineinbegeben, die Ihre negativen Gedanken auslösen. Dabei dürfen Sie sich nicht – wie Sie es sonst getan haben – ablenken und erst recht nicht versuchen, die Gedanken zu unterdrücken. Lesen Sie noch einmal Kapitel 5, ehe Sie damit anfangen. Machen Sie sich vor allem klar, wie der Prozess der Habituation abläuft. Es ist sehr wichtig, dass dieser Prozess in Gang kommt, damit Sie sich in den entsprechenden Situationen wieder wohl fühlen können.

Wenn Sie merken, dass Ihre negativen Gedanken in der Regel durch Gefühle wie Wut und Ärger ausgelöst werden, könnte es Ihnen helfen zu lernen, besser mit diesen Gefühlen umzugehen. Zu diesem Thema werden von verschiedenen Einrichtungen Kurse und Seminare angeboten, beispielsweise unter dem Stichwort «Stressbewältigung» oder «Ärgermanagement».

Wenn Sie feststellen, dass die Expositionsbehandlung Erinnerungen an traumatische Erlebnisse aus Ihrer Vergangenheit wachruft, gehen Sie noch einmal zu Kapitel 4 zurück und lesen Sie nach, was dort über die posttraumatische Belastungsstörung steht. Wenn Sie keine Fortschritte bei Ihrer Arbeit an den negativen Gedanken machen und Sie glauben, dass dies etwas mit einem Trauma zu tun hat, das Sie erlitten haben, sollten Sie so bald wie möglich ein Buch wie das von Judith Herman[2] lesen und sich dann einen Arzt oder Psychologen suchen, mit dem Sie vertrauensvoll zusammenarbeiten können.

Wenn Sie sich für den Einsatz von Audiobändern entschieden haben, wie er in Kapitel 5 dargestellt wurde, sollten Sie zunächst ausführlich aufschreiben, was das Schlimmste wäre, das Ihnen passieren könnte, wenn Ihre Gedanken wahr werden würden. Gehen Sie dann das Geschriebene noch einmal durch und streichen Sie alle Stellen, in denen Sie sich selbst beruhigen oder trösten und sich sagen, dass schon alles nicht so schlimm kommen wird. Dann nehmen Sie diesen Text auf Kassette auf. Greifen Sie als Anregung auf die in Kapitel 5 gegebenen Beispiele zurück, mit denen unsere Patienten erfolgreich gearbeitet haben. Hören Sie dieses Band mindestens eine Stunde am Tag an sowie außerdem immer dann, wenn Ihnen die Gedanken in den Kopf kommen. Sprechen Sie den Text so oft hintereinander auf eine 30-, 45- oder 60-Minuten-Kassette, bis eine Seite voll ist. Während der Übung hören Sie dann das Band ab und spulen es, sobald eine Seite abgespielt ist, wieder an den Anfang zurück, um die Übung fortzusetzen.

Manchmal höre ich von Patienten, dass sie durch die Konfrontation mit diesen schrecklichen Szenarios noch mehr Schuldgefühle bekommen. Wenn Sie merken, dass Sie mit dieser Methode nicht viel weiter kommen, können Sie es mit einer Technik probieren, von der mir Jonathan Ash und Chris Draycott (beide Mitarbeiter von Isaac Marks am *Maudsley Hospital* in London) berichtet haben. Sie fordern ihre Patienten auf, in Abhängigkeit von den besonderen Gedanken, unter denen sie leiden, Sätze wie «Vielleicht bringe ich ein Kind um, vielleicht auch nicht» oder «Vielleicht hasse ich Gott, vielleicht auch nicht» auf Band zu sprechen. Wie sie mir erklärten, finden ihre Patienten derartige Sätze annehmbar, weil sie durch sie mit den *Zweifeln* konfrontiert werden, mit denen sie zu leben lernen müssen. Wenn Ihnen dieses Vorgehen sinnvoll erscheint, sollten Sie es auf jeden Fall einmal ausprobieren.

Ich würde Ihnen dringend empfehlen, vor Beginn einer Expositionstherapie nachzulesen, was in Kapitel 6 über die verschiedenen kognitiven Therapiemethoden geschrieben steht, um zu entscheiden, ob bei Ihnen irgendwelche der dort genannten Denkfehler oder Fehlinterpretationen vorliegen. In diesem Fall sollten Sie (vorzugsweise zusammen mit jemandem, dem Sie vertrauen, aber wenn dies nicht möglich ist, allein) daran arbeiten, Ihre irrationalen Gedanken zu identifizieren, sie mit Hilfe geeigneter Experimente zu überprüfen und sie gegebenenfalls zu korrigieren, damit sie besser in Einklang mit der Realität stehen.

Die Forschung hat gezeigt, dass manche Menschen in der Lage sind, Selbsthilfetechniken zu nutzen, um ihre Probleme zu überwinden, während andere auf die Unterstützung von Fachleuten angewiesen sind. Wenn Sie unter sehr starken negativen Gedanken leiden oder zusätzlich Selbstmordgedanken oder gar Selbstmordabsichten haben, sollten Sie mit einem Psychiater oder Psychologen zusammenarbeiten. Wenn Sie negative Gedanken haben, wäre bei Ihnen wahrscheinlich die Diagnose einer Zwangsstörung gerechtfertigt – auch wenn Sie eine solche Diagnose noch nie in Betracht gezogen haben. Der Vorteil einer solchen Diagnose: Es gibt landesweite Organisationen (beispielsweise die *OC Foundation* in den USA), die sich zum Ziel gesetzt haben, von der Störung Betroffene aufzuklären, Kontakte zwischen ihnen zu knüpfen und auf Hilfsangebote zu verweisen. Teilweise erhalten Sie dort auch Adressen von Therapeuten.*

Tabelle 15 gibt noch einmal einen Überblick über die meiner Meinung nach wichtigsten Punkte, über die Sie sich nach dem Lesen dieses Buches im Klaren sein sollten. Vielleicht wäre es gut, wenn Sie sich diese zentralen Aussagen auf einen Zettel schreiben würden, den Sie z. B. in Ihrem Portemonnaie oder Ihrer Handtasche aufbewahren können. Dann können Sie diese Sätze jederzeit durchgehen, sobald sich die negativen Gedanken melden.

Tabelle 15
Zentrale Aussagen

1. *Jedem Menschen* gehen von Zeit zu Zeit sexuelle, aggressive oder gotteslästerliche Gedanken durch den Kopf.
2. Wir alle denken manchmal Unpassendes zur unpassenden Zeit.
3. Diese Gedanken sind Teil der menschlichen Natur. Sie zu haben bedeutet *nicht*, dass man ein schlechter Mensch ist.
4. Je mehr Sie versuchen, diese Gedanken zu unterdrücken, umso stärker werden sie.
5. Dadurch, dass Sie den Situationen aus dem Weg gehen, die Ihre Gedanken auslösen, machen Sie alles nur noch schlimmer.
6. Wenn Sie aufhören, Ihre Gedanken zu unterdrücken, werden diese irgendwann ganz natürlich wieder verschwinden.
7. Ihr Ziel ist nicht, völlige Kontrolle über Ihre Gedanken zu bekommen. Die hat niemand!

---

*A. d. Ü.: Im deutschsprachigen Raum widmen sich folgende Vereinigungen diesen Aufgaben:

- Deutsche Gesellschaft Zwangserkrankungen e.V., Postfach 1545, 49005 Osnabrück, Tel. (0541) 35744-33, E-Mail: zwang@t-online.de, Internet: www.zwaenge.de,
- Schweizerische Gesellschaft für Zwangsstörungen, Käpelimattweg 26, 4225 Brislach, Tel. (061) 783 90 80, E-Mail: sgz_schweiz@hotmail.com, Internet: www.zwang.ch.

Adressen von Therapeuten in *Österreich* sowie weitere nützliche Informationen findet man auf der Internetseite www.zwaenge.at.

Wenn Sie mit den im Vorangehenden beschriebenen Methoden arbeiten, werden Sie mit hoher Wahrscheinlichkeit früher oder später ein Nachlassen Ihrer negativen Gedanken feststellen. Manche von Ihnen werden jedoch auch Medikamente nehmen müssen, um das Problem in den Griff zu bekommen. In diesen Fällen empfiehlt es sich, einen Psychiater zu suchen, der sich mit den in Kapitel 8 beschriebenen Pharmaka auskennt.

So können Sie Ihre Fortschritte beurteilen

Wie können Sie die Fortschritte, die Sie bei der Zähmung Ihrer negativen Gedanken machen, am besten einschätzen? Wie Sie mittlerweile wissen, wäre es völlig falsch, sich zum Ziel zu setzen, keinen einzigen negativen Gedanken mehr zu haben oder seine Gedanken völlig unter Kontrolle zu bekommen. Diese Ziele sind unerreichbar – ein Scheitern wäre vorprogrammiert. Machen Sie nicht den Fehler, zu viel erreichen zu wollen. Ein viel besseres Ziel besteht – wie ich meinen Patienten sage – darin, seine allgemeine Lebensqualität zu verbessern.

Wir alle streben nach einer hohen Lebensqualität – dieses Ziel ist die wichtigste Triebfeder unseres gesamten Tuns. Und wir alle kennen Menschen mit psychischen oder physischen Handikaps oder Krankheiten, die trotzdem sehr zufrieden mit ihrem Leben sind und eine hohe Lebensqualität haben. Auf der anderen Seite kennen wir auch Menschen, die zwar kerngesund sind und viel Geld haben, aber dennoch keine hohe Lebensqualität genießen.

Diese Überlegungen veranlasste mein Team am *Massachusetts General Hospital* vor einigen Jahren, einen kurzen Fragebogen zu entwickeln, mit dem man Veränderungen in der Lebensqualität erfassen kann. Mehrere Jahre lang haben wir zu diesem Zweck zahlreiche Interviews mit Patienten der psychiatrischen Abteilung geführt und danach gefragt, wie sie sich ihr Leben nach einer erfolgreichen Behandlung idealerweise vorstellen würden. Außerdem haben wir auch eine ganze Reihe von Psychologen, Psychiatern, Neurologen und Neurochirurgen danach befragt, wie das Leben ihrer Patienten nach einer erfolgreichen Behandlung aussehen soll. Obwohl unsere Patienten in Bezug auf Alter, Beruf, Herkunft usw. bunt gemischt sind (und sehr unterschiedliche psychische Probleme haben – schwerere und leichtere) und auch die Ärzte aus den unterschiedlichsten Richtungen kommen (teils ausschließlich Gespräche führen, teils medikamentös behandeln oder chirurgische Eingriffe vornehmen), gab es doch einen gewissen Konsens in Bezug darauf, was eine hohe Lebensqualität ausmacht.

Mit Hilfe verschiedener statistischer Auswertungsverfahren konnten wir den ursprünglichen Fragebogen deutlich verkürzen und landeten schließlich bei einer 10 Items (mit «Item» wird in der Psychologie eine Aufgabe oder Frage aus einem Test bzw. einem Fragebogen bezeichnet) umfassenden Version, die den ihr zugedachten Zweck bestens erfüllte. Dieser Fragebogen[3], den wir SOS-10 genannt haben, ist in Tabelle 16 wiedergegeben. Interessanterweise war dasjenige Item, das den höchsten statistischen Zusammenhang mit dem Gesamtwert aufwies, der «innere Frieden» – was vermutlich für Menschen, die unter negativen Gedanken leiden, keine besondere Überraschung darstellt. Bitte nehmen Sie sich einen Augenblick Zeit, um diesen Fragebogen auszufüllen, ehe Sie beginnen, an Ihren negativen Gedanken zu arbeiten.

Tabelle 16
Kurzfragebogen zur Lebensqualität
(SOS-10 ©1997 MGH Department of Psychiatry)

Anleitung: Im Folgenden finden Sie zehn Aussagen über Sie und Ihr Leben, mit denen erfasst werden kann, wie Sie Ihre derzeitige Gesamtverfassung einschätzen. Bitte kreisen Sie bei jeder Aussage diejenige Zahl zwischen 0 und 6 ein, die am besten beschreibt, wie Sie sich in der vergangenen Woche (d. h. in den letzten sieben Tagen) gefühlt haben. Es gibt keine richtigen oder falschen Antworten, es kommt nur darauf an, dass Sie möglichst genau einschätzen, wie Sie sich gefühlt haben. Oft ist die erste Antwort, die Ihnen einfällt, die beste. Vielen Dank für Ihre Mühe. Bitte achten Sie darauf, alle Aussagen zu bearbeiten.

(1) Wenn ich meine körperliche Verfassung berücksichtige, bin ich mit meinen Möglichkeiten zufrieden.

nie	0	1	2	3	4	5	6	(fast) immer

(2) Ich traue mir zu, Beziehungen, die mir wichtig sind, zu pflegen.

nie	0	1	2	3	4	5	6	(fast) immer

(3) Ich sehe zuversichtlich in die Zukunft.

nie	0	1	2	3	4	5	6	(fast) immer

(4) Ich finde viele Dinge in meinem Leben interessant und spannend.

nie	0	1	2	3	4	5	6	(fast) immer

(5) Ich kann Dinge genießen.

nie	0	1	2	3	4	5	6	(fast) immer

(6) Ich bin alles in allem mit meiner psychischen Verfassung zufrieden.

nie	0	1	2	3	4	5	6	(fast) immer

(7) Ich kann mir meine eigenen Fehler verzeihen.

nie	0	1	2	3	4	5	6	(fast) immer

(8) Ich erreiche, was ich mir vorgenommen habe.

nie	0	1	2	3	4	5	6	(fast) immer

(9) Ich kann mit Konflikten umgehen, die ich mit anderen habe.

nie	0	1	2	3	4	5	6	(fast) immer

(10) Ich habe inneren Frieden.

nie	0	1	2	3	4	5	6	(fast) immer

Zur Berechnung des Gesamtwerts zählen Sie einfach die Werte der einzelnen Items zusammen (der Gesamtwert muss zwischen 0 und 60 liegen). Je höher der Wert, umso besser die Lebensqualität bzw. die psychische Gesamtverfassung. Wie wir feststellen konnten, spiegelt ein Anstieg der Werte in diesem Fragebogen relativ gut die Fortschritte wieder, die ein Patient in einer erfolgreichen psychotherapeutischen Behandlung macht.

Wenn Sie gerne Ihren eigenen Wert mit dem anderer Menschen vergleichen möchten, die den Bogen ausgefüllt haben, finden Sie in Tabelle 17 Angaben über Durchschnittswerte und Wertespannen von drei verschiedenen Gruppen, die wir untersucht haben: (1) Patienten, die in unserer Klinik stationär behandelt wurden, (2) Patienten, die ambulant bei uns behandelt wurden und die im Allgemeinen weniger stark beeinträchtigt waren als die stationär behandelten Patienten (beispielsweise waren die meisten von ihnen in der Lage zu arbeiten bzw. zur Schule oder Hochschule zu gehen), sowie (3) Nichtpatienten (Mitarbeiter unserer Klinik).

Tabelle 17
Ergebnisse verschiedener Gruppen in der SOS-10

Gruppe	Durchschnitt	Wertespanne
(1) Stationäre Psychiatriepatienten	29	16-42
(2) Ambulante Psychiatriepatienten	37	32-42
(3) Nichtpatienten	45	41-49

Erwartungsgemäß hatte Gruppe 1 den niedrigsten Durchschnittswert, gefolgt von Gruppe 2 und Gruppe 3. In dem Maß, in dem die Behandlung der einzelnen Patienten aus den Gruppen 1 und 2 jedoch voranschritt, verbesserten sich auch ihre Werte in dem Fragebogen.

Dadurch, dass Sie Ihre Fortschritte mit Hilfe einer Lebensqualitätsskala einschätzen, richten Sie Ihr Augenmerk auf etwas, worüber Sie Kontrolle haben. Da Sie dagegen niemals die vollständige Kontrolle über Ihre Gedanken erreichen können, ist es das Beste, sie einfach vorüberziehen zu lassen und nicht zu versuchen, sie mit Gewalt zu unterdrücken. Das Ziel sollte sein, so weit zu kommen, dass die Gedanken Ihnen nicht mehr das Leben zur Hölle machen – und dass vor allem *Sie selbst* sich nicht mehr das Leben zur Hölle machen, wenn gelegentlich ein negativer Gedanke auftaucht. Und das Allerwichtigste ist, eine möglichst hohe Lebensqualität zu erreichen. Und inneren Frieden.

Schluss

Wo also hält sich der Dämon der Infamie versteckt? Vielleicht in unseren Genen, von wo aus er diktiert, wann welche Proteine zu bilden sind? Oder spukt er zwischen den Synapsen unserer Hirnzellen herum – allzeit bereit, dort einen folgenschweren Kurzschluss zu verursachen? Vielleicht ist er auch ein Produkt der gesellschaftlichen Forderung, negative Gedanken zu unterdrücken, wenn wir es uns nicht mit unseren Mitmenschen verscherzen wollen – oder im nächsten Leben mit der dann zuständigen Macht! Möglicherweise findet der Dämon auch ein besonders günstiges Lebensumfeld in den ersten Monaten unserer Existenz – vor allem bei denjenigen von uns, die mit einem überdurchschnittlich sensiblen Nervensystem ausgestattet sind. Schwimmt er im Strom der Hormone, die Mütter nach einer Entbindung im Blut haben und die bewirken, dass sie ganz besonders feine Antennen für jegliche Gefahr für Leib und Leben ihres Babys entwikkeln? Oder betrachten wir den Dämon der Infamie am besten im Sinne von Maimonides als eines von vielen notwendigen Übeln, die sich aus der Tatsache ergeben, dass wir mit bzw. in einem menschlichen Körper leben.

Die Fortschritte der Neurowissenschaften zeigen uns immer wieder von neuem, wie unglaublich komplex unser Gehirn und unsere Nervensysteme sind. Immer deutlicher tritt hervor, wie dicht verwoben und vielseitig das Netz der strukturellen und funktionalen Einheiten ist, die unser Verhalten und Erleben bestimmen. Die alte Unterscheidung zwischen Körper und Geist tritt immer weiter in den Hintergrund, ja erscheint mittlerweile nahezu irrelevant. Einfache Antworten nach dem Muster *X bewirkt Y* wird es in Zukunft kaum noch geben, wenn es um menschliches Verhalten geht.

Unsere Suche nach dem Dämon der Infamie erinnert mich an eine andere Suche, nämlich die des Chirurgen und Essayisten Richard Selzer, der in einem nicht ganz ernst gemeinten Aufsatz seine Hoffnung kundtat, eines Tages tief in den Gedärmen eines seiner Patienten auf das geheimnisvolle Organ zu stoßen, das verantwortlich ist für eine ganz besonders grausame Krankheit – die Liebe.

> Daher habe ich die Hypothese aufgestellt (nennen Sie es eine Ahnung), dass es irgendwo im Körper – unter der Kniescheibe vielleicht oder zwischen der vierten und fünften Zehe ... irgendwo ... – eine noch unentdeckte Superdrüse gibt, deren operative Entfernung

den Betreffenden gegen die Liebe immun machen würde. Täglich bin ich bei meiner Arbeit im Operationssaal auf der Suche nach dieser *glandula amoris*, wende Membranen, greife in dunkle Röhren und suche in den warmen Ausscheidungen des Körpers nach Spuren, die mir den Weg weisen könnten. Womöglich werde ich nie etwas finden. Aber niemals werde ich – das schwöre ich – nachlassen in meinem Bemühen und ich werde denen, die eines Tages meine Nachfolge antreten werden, den Auftrag geben, die Suche fortzusetzen. Vorläufig halte ich es mit meinem Onkel Frank und seinem Rezept gegen die Kümmernisse der Liebe: eine kalte Dusche und drei Runden um den Block.[4]

Man wird ihn nie finden, den Sitz der Liebeskrankheit, und ebenso wenig wird man irgendwann an einer bestimmten Stelle auf den Dämon der Infamie stoßen. Er wird auf alle Zeiten in den verschlungenen Tiefen all dessen verborgen bleiben, was das Menschsein ausmacht. Aber wenn die negativen Gedanken – sozusagen seine Visitenkarte – mehr als lästig werden und uns das Leben zur Qual machen, dann können ein paar konkrete Schritte – ein wenig komplizierter als das Rezept von Onkel Frank – uns helfen, diese Gedanken in ihre Schranken zu verweisen. Auf den Seiten dieses Buches habe ich versucht, den aktuellen Stand der Wissenschaft zu den Ursachen und der Behandlung gewalttätiger, sexueller und religiöser negativer Gedanken darzulegen. Die Umsetzung des beschriebenen Vorgehens wird den meisten von Ihnen eine spürbare Erleichterung verschaffen. Ich wünsche Ihnen viel Glück dabei.

Eines noch: Wenn doch bloß die Leute nicht mehr mit Hunden auf der Ladefläche ihres Lasters durch die Gegend fahren würden ...

Anmerkungen

Vorwort

[1] Michael A. Jenike, Lee Baer und William E. Minichiello (Hrsg.) (1998). *Obsessive-Compulsive Disorders: Practical Management,* 3. Ausg. St. Louis: Mosby.
[2] Unter anderem auch auf Deutsch: Lee Baer (2001). *Alles unter Kontrolle: Zwangsgedanken und Zwangshandlungen überwinden.* 2. Auflage. Bern: Huber.

Kapitel 1

[1] Edgar Allan Poe (1967). Alb der Perversheit. *Werke II.* Olten: Walter, S. 828-838 (Übersetzung: Hans Wollschläger).
[2] Wir wissen erst relativ wenig über die Faktoren, von denen es abhängt, welche Konsequenzen das Auftreten negativer Gedanken im Einzelfall hat. Wie wir noch näher erörtern werden, kommt anscheinend unseren Reaktionen auf die Gedanken sowie dem Vorliegen einer Zwangsstörung oder einer Depression zentrale Bedeutung zu.
[3] Mit *Melancholie* wurde damals der Zustand bezeichnet, den wir heute Depression nennen.
[4] Und dies ist kein Zufall: Anscheinend sind gerade die Leute, denen es besonders wichtig ist, was andere von ihnen denken, besonders anfällig für massive negative Gedanken.
[5] Eines der Hauptprobleme von Menschen, die unter einer Zwangsstörung leiden, besteht darin, dass sich in vielen Situationen das Gefühl der Sicherheit nicht einstellen will, auch wenn sie sich noch so sehr darum bemühen. Sie werden – wie Herr I. – ihre quälenden Zweifel nicht los.
[6] Wie Herr I. mir erzählte, erinnerte er sich noch lebhaft an einen Klassenkameraden aus der Grundschule, der sich wegen des unbewiesenen Gerüchts, dem zufolge er «es» mit einer Katze gemacht hatte, gemeine Hänseleien von Seiten seiner Mitschüler gefallen lassen musste.
[7] Lee Baer, *Getting Control: Overcoming your Obsessions and Compulsions,* rev. ed. New York: Plume, 2000.

[8] Bei der YBOCS (gesprochen: «uai-box») handelt es sich um einen Standardtest zur Erfassung von Zwangssymptomen. Sie besteht aus 10 Fragen und liefert einen Gesamtwert zwischen 0 und 40, wobei ab einem Wert von 16 vom Vorliegen einer klinisch relevanten Zwangsstörung ausgegangen wird.
[9] Für unsere Studie war der Pfarrer keine besondere Hilfe, da Behandlungserfolge in der Placebogruppe es unwahrscheinlicher machen, dass sich die aktive Substanz dem Placebo als signifikant überlegen erweist. Ich muss allerdings gestehen, dass mir dieses Problem keine schlaflosen Nächte bereitet hat.
[10] Robert Louis Stevenson (1948). *Dr. Jekyll und Mr. Hyde.* Stuttgart: Reclam, 110-112 (Übersetzung: H. W. Draber).
[11] Bezeichnenderweise neigen sowohl Depressive als auch Menschen, die an einer Zwangsstörung leiden, dazu, alles schwarz-weiß zu malen. Für sie gibt es keine Nuancen, keine Grautöne – so wie auch Dr. Jekyll das Gute und das Böse in seiner Seele als einander konträr gegenübergestellt ansah anstatt als Pole eines Kontinuums mit einem großen Übergangsbereich. Tatsächlich war Jekyll auch ein wenig zwanghaft. Stevenson lässt ihn sagen: «Mein schlimmster Fehler war eine gewisse Neigung zu ausschweifendem Vergnügen, was viele andere glücklich gemacht hat, was ich jedoch nur schwer mit meinem Wunsch in Einklang bringen konnte, den Kopf hoch zu tragen und vor der Öffentlichkeit Haltung zu bewahren. So kam es, dass ich meine Freuden vor der Welt verbarg und dass ich, als ich in die Jahre des Nachdenkens kam und mich umsah und Bilanz zog hinsichtlich meiner Fortschritte und meiner Stellung in der Welt, feststellen musste, dass mein Leben nicht das war, was es zu sein vorgab. So manch einer hätte die Unregelmäßigkeiten, die ich mir zuschulden kommen ließ, sogar vor aller Welt verkündigt; ich aber, der ich eine so hohe Sicht von mir selbst aufgebaut hatte, betrachtete sie und versteckte sie mit einer fast krankhaft zu nennenden Scham. Es waren somit eher meine überaus hohen Anspüche als eine besondere Verwerflichkeit meiner Fehler, die mich zu dem machten, was ich war und die Bereiche des Guten und des Bösen, aus denen sich die menschliche Doppelnatur zusammensetzt, in mir voneinander trennte – mit einem Graben dazwischen, der tiefer und breiter war als bei den meisten anderen Menschen.»

Kapitel 2

[1] C. T. Beck (1992). The Lived Experience of Postpartum Depression: A Phenomenological Study. *Nursing Research 41*, 166-40.
[2] An der Studie nahmen 65 Frauen im Alter zwischen 18 und 45 Jahren teil, die wegen einer Depression an der *Women's Mood Disorder Clinic* (Behandlungszentrum für Frauen mit affektiven Störungen) behandelt wurden und die vor der Geburt ihres Kindes keine Zwangsstörung gehabt hatten. Die Gruppe der Frauen mit Wochenbettdepressionen bestand aus siebenunddrei-

ßig Müttern, deren Depressionen innerhalb von drei Monaten nach der Entbindung eingesetzt hatten (Katherine Wisner entschied sich unter Verweis auf die epidemiologische Forschung für einen dreimonatigen anstelle des sonst üblichen vierwöchigen Zeitraums). Bei den übrigen 28 Frauen waren zwar die Kriterien einer depressiven Episode erfüllt, jedoch hatte sich die Störung nicht innerhalb von drei Monaten nach einer Entbindung entwickelt. Alle Versuchsteilnehmerinnen füllten die YBOCS-Symptomliste aus meinem Buch aus und gingen die Antworten dann noch einmal gemeinsam mit Wisner durch.

Die Analyse der Resultate ergab, dass die Frauen mit Wochenbettdepressionen zu einem signifikant höheren Anteil angaben, aggressive Gedanken zu haben (20 von 37 bzw. 54%), als die Frauen, deren Depressionen nicht in Zusammenhang mit einer Entbindung standen (sechs von 28 bzw. 21%). Wichtig ist auch zu erwähnen, dass es in den Zwangsgedanken der betroffenen Frauen fast stets darum ging, dass sie ihrem Kind etwas antun könnten (Katherine L. Wisner, Kathleen S. Peindl, Thomas Gigliotti & Barbara Hanusa [1999]. Obsessions and compulsions in women with Postpartum Depression. *Journal of Clinical Psychiatry 60,* 167-80). Zu einem ähnlichen Ergebnis waren einige meiner Kollegen von der Abteilung für Perinatale Psychiatrie am *Massachusetts General Hospital* bereits in einer früheren Studie mit 15 Frauen mit Wochenbettdepressionen gekommen (D. A. Sichel, L. S. Cohen, J. A. Dimmock und J. F. Rosenbaum [1993]. Postpartum Obsessive Compulsive Disorder: A Case Series. *Journal of Clinical Psychiatry 54,* 156-59).

[3] Wisner, Peindl, Gigliotti & Hanusa. Obsessions and compulsions in women with postpartum depression.

[4] K. D. Jennings, S. Ross, S. Popper und M. Elmore (1999). Thoughts of harming infants in depressed and nondepressed mothers. *Journal of Affective Disorders 54,* 21-28.

[5] A. D. Filer & I. F. Brockington (1996). Maternal Obsession of Child Sexual Abuse. *Psychopathology 29,* 135-38.

Kapitel 3

[1] *Boston Herald* vom 28.9.1999

[2] *Sports Illustrated* vom 13.9.1999.

[3] Lyall Watson (1997). *Die Nachtseite des Lebens: Eine Naturgeschichte des Bösen.* Frankfurt/Main: S. Fischer.

[4] Wenn ich wissen will, ob eine bestimmte Person in der Zukunft mit gewisser Wahrscheinlichkeit gewalttätiges Verhalten an den Tag legen wird, sehe ich mir am besten an, wie sich diese Person in der Vergangenheit verhalten hat. Wer als Erwachsener zur Anwendung von Gewalt neigt, tat dies auch oft schon als Kind oder Jugendlicher. Oftmals hat er Tiere gequält oder war grausam zu Gleichaltrigen. Zwar kenne ich auch Fälle, in denen Menschen

ausschließlich unter dem Einfluss von Alkohol oder Drogen gewalttätig geworden sind, allein schon die Tatsache, dass sie jedoch Gewalt angewendet haben, gibt mir Anlass zu der Sorge, dass sie dies eines Tages erneut tun könnten. Wenn ich also von einem Patienten gefragt werde, woher ich wissen will, dass er seinen Gedanken und Impulsen nicht irgendwann Taten folgen lässt, weise ich ihn darauf hin, dass er dies auch in der Vergangenheit nie getan hat, was das beste Indiz dafür ist, dass es auch in Zukunft nicht dazu kommen wird.

Kapitel 4

[1] Randy Thornhill & Craig T. Palmer (2000). *A natural history of rape: Biological bases of sexual coercion.* Cambridge, Mass.: MIT Press.
[2] Lyall Watson (1997). *Die Nachtseite des Lebens: Eine Naturgeschichte des Bösen.* Frankfurt/Main: S. Fischer.
[3] Ebd. In den Vereinigten Staaten befanden sich 43 Prozent aller Kinder, die an den Folgen einer Misshandlung gestorben sind, in der Obhut von Stiefeltern. In England stellte man fest, dass 52 Prozent aller getöteten Babys von der Hand ihrer Stiefväter starben. Daten aus Kanada, in denen auch das Alter der Kinder berücksichtigt wurde, zeigten, dass die Wahrscheinlichkeit von Kindern, zu Tode geprügelt zu werden, in Familien mit einem Stiefvater 46-mal so hoch ist wie in Familien, in denen der leibliche Vater anwesend ist.
[4] Ebd.
[5] Wer mehr über diesen gleichsam faszinierenden wie umstrittenen Ansatz zur Erklärung menschlicher Probleme und Krankheiten erfahren möchte, dem sei ein Buch von Randolph Nesse und George Williams ans Herz gelegt, das diese unter dem Titel *Warum wir krank werden. Die Antworten der Evolutionsmedizin* (München: C. H. Beck, 1997) veröffentlicht haben. In diesem Buch erklären die Autoren – ein verdienter Psychiater der eine, ein hochangesehener Evolutionstheoretiker der andere – auf wunderbar anschauliche Weise verschiedene physische und psychische Leiden, die uns Menschen befallen können, mit der darwinschen Evolutionstheorie.
[6] Daniel M. Wegner (1995). Die Spirale im Kopf. Berg.-Gladbach: Lübbe.
[7] K. D. Jennings, S. Ross, S. Popper und M. Elmore (1999). Thoughts of harming infants in depressed and nondepressed mothers. *Journal of Affective Disorders 54,* 21-28.
[8] H. Weightman, B.M. Dalal & I. F. Brockington (1998). Pathological fear of cot death. *Psychopathology 31,* 246-49.
[9] American Psychiatric Association/Saß & Henning (1996). *Diagnostisches und statistisches Manual psychischer Störungen – DSM-IV.* Göttingen: Hogrefe.
[10] Diese Geschichte stammt aus einem Artikel meines Kollegen Steven C. Schlozmann, den dieser im Jahr 1999 unter dem Titel «Fits and Starts» in der

Zeitschrift *The Sciences* (Ausgabe November/Dezember, S. 38-42) veröffentlichte.
[11] Oliver Sacks (1995). *Eine Anthropologin auf dem Mars. Sieben paradoxe Geschichten.* Reinbek: Rowohlt.
[12] Ebd.
[13] J. F. Leckman, D. E. Grice, L. C. Barr, A. L. de Vries, C. Martin, D. J. Cohen, C. J. McDougle, W. K. Goodman und S. A. Rasmussen (1994/5). Tic-related versus non-tic-related obsessive-compulsive disorder. *Anxiety 1,* 208-15.
[14] A. H. Zohar, D. L. Pauls, G. Ratzoni, A. Apter, A. Dycian, M. Binder, R. King, J. F. Leckman, S. Kron & D. J. Cohen (1997). Obsessive-compulsive disorder with and without tics in an epidemiologic sample of adolescents. *American Journal of Psychiatry 154,* 274-76.
[15] Lowell Handler (1999). *Twitch and shout.* New York: Plume.
[16] Judith Herman (1994). *Die Narben der Gewalt. Traumatische Erfahrungen verstehen und überwinden.* München: Kindler.
[17] Ebd.
[18] Auf diese Behandlungsmethode wird in Kapitel 5 noch näher eingegangen.
[19] Die Konfrontationsbehandlung und das zugrunde liegende Prinzip der Habituation werden in Kapitel 5 beschrieben.
[20] Elaine Aron (1997). *The highly sensitive person.* New York: Broadway Books, 10-11.
[21] Jerome Kagan (1998). *Galen's Prophecy.* New York: Basic Books, 238

Kapitel 5

[1] Lee Baer (2001). *Alles unter Kontrolle. Zwangsgedanken und Zwangshandlungen überwinden.* Bern: Huber.
[2] «Desensibilisierung» und «Löschung» sind Begriffe, die oft gleichbedeutend mit dem der Habituation verwendet werden.
[3] J. W. Ciarrocchi (1998). Religion, scrupulosity and obsessive-compulsive disorder. Kapitel 24 in M. A. Jenike, L. Baer & W. E. Minichiello (Hrsg.), *Obsessive-compulsive disorders: Practical management, 3. Ausg.* St. Louis: Mosby.
[4] Mein Londoner Fachkollege Isaac Marks hat herausgefunden, dass es sehr wichtig ist, vor der Aufnahme eines Audiobandes für Konfrontationsübungen sicherzustellen, dass der Text keine Sätze enthält, die als «mentale Rituale» dienen könnten (d. h., die die Angst künstlich verringern würden). Er stellte fest, dass die Expositionsbehandlung ohne die Streichung dieser Sätze aus den Texten der Patienten nur zum Teil erfolgreich war. Nachdem er begann, die Texte zu korrigieren und alle mentalen Rituale herauszustreichen, fielen die Ergebnisse deutlich besser aus (K. Lovell, I. M. Marks, H. Noshirvani und G. O'Sullivan [1994]. Should treatment distinguish anxiogenic from

anxiolytic obsessive-compulsive ruminations? *Psychotherapy Psychosomatics 61,* 150-55.)
[5] Diese Fallbeschreibung stammt aus meinem Buch *Alles unter Kontrolle.*
[6] Diese Beispiele stellten dankenswerterweise meine Kollegen Nancy Keuthen und Deborah Osgood-Hynes zur Verfügung.

Kapitel 6

[1] Eine gut verständliche Darstellung der kognitiven Therapie, wie sie in der Behandlung von Depressionen eingesetzt wird, findet sich in: David Burns (1980). *Feeling good: The new mood therapy.* Maryland: Morrow.
[2] Ein großer Teil dieses Kapitels beruht auf einem Aufsatz, den Sabine Wilhelm im Jahr 2000 unter dem Titel «Cognitive therapy for obsessive-compulsive disorder» im *Journal of Cognitive Psychotherapy* veröffentlichte sowie aus dem von ihr verfassten gleichnamigen Kapitel des Buches *Empirically-supported cognitive therapies: Current and future applications* (erschienen 2001 bei Springer, herausgegeben von W. J. Lyddon & J. V. Jones).
[3] Diese Methode stellt David Burns in seinem Buch *Feeling Good* vor.
[4] J. S. Beck (1999). *Praxis der kognitiven Therapie.* Weinheim: Beltz.
[5] Die Wahrscheinlichkeit, dass *alle* Ereignisse einer bestimmten Ereignisabfolge eintreten, errechnet sich, indem man die Wahrscheinlichkeit der einzelnen Ereignisse miteinander multipliziert. Wenn man beispielsweise eine Münze wirft, beträgt die Wahrscheinlichkeit, fünfmal hintereinander Kopf zu bekommen, 1 zu 32. Da die Wahrscheinlichkeit, bei *einem* Wurf Kopf zu bekommen, bei 1 zu 2 liegt, beträgt die Wahrscheinlichkeit, bei *jedem* Wurf, Kopf zu erhalten, ½ x ½ x ½ x ½ x ½, somit 1/32. Oder, in Dezimalzahlen ausgedrückt: 0,5 x 0,5 x 0,5 x 0,5 x 0,5 = 0.03125.

Kapitel 7

[1] Erik H. Erikson (1962). *Young Man Luther: A Study in Psychoanalysis and History.* New York: Norton [dt. (2000). *Der junge Mann Luther*. 5. Aufl. Eschborn: Klotz].
[2] J. W. Ciarrocchi (1998). Religion, scrupulosity and obsessive-compulsive disorder. Kapitel 24 in M. A. Jenike, L. Baer & W. E. Minichiello (Hrsg.), *Obsessive-Compulsive Disorders: Practical Management.* St. Louis: Mosby.
[3] J. Moore (1963). Of religious melancholy. In D. Hunter & I. Macalpine (Eds.). *Three hundred years of psychiatry, 1535-1860.* Cambridge: Cambridge University Press, 252-53.
[4] Ciarrocchi (1998). Religion, scrupulosity and obsessive-compulsive disorder.
[5] Ebd.
[6] Ebd.

[7] D. Greenberg & E. Witztum (1994). Cultural aspects of obsessive-compulsive disorder. Kapitel 2 in E. Hollander, J. Zohar, D. Marazziti & B. Olivier (Eds.), *Current insights in obsessive-compulsive disorder*. New York: Wiley.
[8] Ebd.
[9] J. H. Dowson (1977). The phenomenology of severe obsessive-compulsive neurosis. *British Journal of Psychiatry 131,* 75-78.
[10] R. S. Stern & J. P. Cobb (1978). Phenomenology of obsessive-compulsive neurosis. *British Journal of Psychiatry 132,* 233-39.

Kapitel 8

[1] Die beim Tourette-Syndrom auftretenden Tics und Zuckungen können mit Medikamenten behandelt werden, die das Dopamin beeinflussen. Die *Zwangsgedanken*, die mit der Störung verbunden sind, sprechen jedoch auf eine Behandlung mit Serotoin-Wiederaufnahme-Hemmern an – also mit Medikamenten, die auf das Serotonin wirken.
[2] Dean Ornish (1992). *Revolution in der Herztherapie.* Stuttgart: Kreuz.
[3] D. J. Stein, E Hollander, D. T. Anthony et al. (1992). Serotonergic medications for sexual obsessions, sexual addictions and paraphilias. *Journal of Clinical Psychiatry 53,* 267-71. «Ichdyston» *(ego-dystonic)* bedeutet, dass diese Gedanken ungewollt auftreten und als unangenehm erlebt werden.
[4] B. A. Fallon, M. R. Liebowitz, E. Hollander et al. (1990). The pharmacotherapy of moral or religious scrupulosity. *Journal of Clinical Psychiatry 51,* 517-21.
[5] Verfasser, Übersetzer und Verlag haben größte Mühe darauf verwandt, dass die therapeutischen Angaben insbesondere von Medikamenten, ihre Dosierungen und Applikationen dem jeweiligen Wissensstand bei der Fertigstellung des Werkes entsprechen. Da jedoch die Wissenschaft ständig im Fluss ist und da menschliche Irrtümer und Druckfehler nie völlig auszuschließen sind, übernimmt der Verlag für derartige Angaben keine Gewähr. Jeder Anwender ist daher dringend aufgefordert, alle Angaben in eigener Verantwortung auf ihre Richtigkeit zu überprüfen.
[6] Eine sehr ungewöhnliche Nebenwirkung, von der berichtet wird, ist ein spontaner Orgasmus beim Gähnen! Nach Jenike muss diese Nebenwirkung allerdings sehr selten sein, da von seinen Patienten noch nie jemand davon gesprochen habe. Wenn in seiner Sprechstunde ein Patient gähne, sei das einzige, was er dabei empfinde, Langeweile. Allerdings hat Jenike schon Fälle erlebt, in denen mit Serotonin-Wiederaufnahme-Hemmer behandelte Patienten von einer Steigerung ihres Geschlechtstriebs berichteten.
[7] Die Bezeichnung «trizyklisch» beruht auf der chemischen – aus drei Ringen bestehenden – Struktur dieser Medikamente. Clomipramin gilt zwar wegen seiner chemischen Struktur als trizyklisches Antidepressivum, da es jedoch eine Zunahme des im Gehirn verfügbaren Serotonins bewirkt, kann es auch

den Serotonin-Wiederaufnahme-Hemmern zugeordnet werden. Die neueren Serotonin-Wiederaufnahme-Hemmer Fluoxetin (Fluctin), Fluvoxamin (Fevarin, Floxyfral), Paroxetin (Tagonis), Sertralin (Zoloft, Gladem) und Citalopram (Seropram, Cipramil) haben keine trizyklische chemische Struktur und wirken zielgenauer auf den Serotoninspiegel als das Clomipramin. Aus diesem Grund werden diese neueren Substanzen auch häufig auch als *selektive* Serotonin-Wiederaufnahme-Hemmer bezeichnet.

Kapitel 9

[1] Moses Maimonides (1972). *Führer der Unschlüssigen.* Hamburg : Meiner.
[2] Judith Herman (1994). *Die Narben der Gewalt. Traumatische Erfahrungen verstehen und überwinden.* München: Kindler (zurzeit leider vergriffen).
[3] M. A. Blais, W. R. Lenderking, L. Baer et al. (1999). Development and initial validation of a brief mental health outcome measure. *Journal of Personality Assessment 73,* 359-73.
[4] R. Selzer (1981). Love sick. In *Confessions of a Knife.* New York: Touchstone, 114-15.

Register

Michael Rufer Heike Alsleben Angela Weiss
Stärker als die Angst
Ein Ratgeber für Menschen mit Angst- und Panikstörungen und deren Angehörige
HUBER

Karl Müller
Autofahren ohne Angst
Das Erfolgsprogramm für entspanntes Autofahren
HUBER